Anselm Grün
Ahmad Milad Karimi

**Frieden stiften,
Frieden sein**

Anselm Grün
Ahmad Milad Karimi

Frieden stiften, Frieden sein

Vier-Türme-Verlag

Inhalt

Vorwort

Alle Menschen sehnen sich nach Frieden. Aber dem Wunsch danach steht die friedlose Realität unserer Welt entgegen. Und auch in uns selbst ist häufig kein Frieden zu finden. Was soll also ein Buch über den Frieden für einen Beitrag leisten? Wir beide – P. Anselm Grün und Ahmad Milad Karimi – haben erfahren, dass das Gespräch darüber schon zur Erfahrung des Friedens wird. Wir haben uns dabei von den Versen aus dem Gedicht »Friedensfeier« von Friedrich Hölderlin leiten lassen:

Viel hat erfahren der Mensch,
Der Himmlischen viele genannt,
Seit ein Gespräch wir sind
Und hören können voneinander.

Wir haben nicht nur ein Gespräch geführt, wir sind ein Gespräch geworden. Wir haben dabei erfahren, was den jeweils anderen bewegt und somit Anteil an seinen Erfahrungen erhalten. Wir haben die Sehnsucht nach Frieden beim jeweils anderen gespürt, die jedoch auch so viele andere Menschen bewegt.

Zudem haben wir den Geschmack des Friedens erfahren, der jedem von uns etwas anders schmeckt. Und doch tut es uns gut, uns davon inspirieren zu lassen. Wir haben im Gespräch erkannt, wie wir heute angemessen über das Thema Frieden sprechen können.

Hölderlin selbst hat uns dazu einige Anregungen gegeben: Wir können nur über den Frieden sprechen, wenn wir über unsere eigenen Erfahrungen sprechen. Jeder von uns hat Frieden erfahren, aber auch Unfrieden, nicht nur in der Welt, sondern auch im eigenen Herzen. Indem wir über den Unfrieden und unsere Sehnsucht nach Frieden sprechen, wächst der Friede in uns und zwischen uns.

Wir haben erkannt, dass der Friede eine spirituelle Dimension hat. Das meint wohl Hölderlin, wenn er vom Nennen der Himmlischen spricht. Frieden braucht eine spirituelle Haltung, die wir sowohl im Christentum wie im Islam erkennen: die Haltung der Barmherzigkeit, den Willen, im anderen die göttliche Würde zu erkennen. Zudem braucht es die Liebe. Ohne Liebe gibt es keinen Frieden. Aber es braucht auch das Aufschauen zu Gott, der ein Gott des Friedens ist. Er befähigt uns zum Frieden. Wir selbst sind aus uns nicht dazu fähig. Wir können zwar Friedensverhandlungen führen, doch wenn wir nicht im Frieden sind mit uns selbst, werden diese Verhandlungen nicht erfolgreich sein. Gott schafft in uns Frieden, wenn wir uns auf ihn einlassen – oder, wie es der Islam so schön formuliert, wenn wir uns Gott hingeben. Dann erfahren wir Frieden. Der gemeinsame Blick über diese Welt und über die Konflikte dieser Welt hinaus auf Gott hin verbindet uns friedlich miteinander.

Wir werden zu einem Gespräch, das jeden von uns verwandelt, wenn wir nicht nur aufeinander, sondern voneinander hören, wie Hölderlin es formuliert. Das heißt: Ich nehme mir etwas vom anderen. Ich nehme mir nicht nur Worte, Argumente, ich nehme mir vor allem etwas von dem Geschmack des Friedens, der von jedem von uns ausgeht. So habe ich teil an der Herkunft des anderen, an dem, was ihn prägt, an seiner Erfahrung, seinen Wurzeln, seinem Glauben. Im Hören gelangen wir an den Ausgangspunkt, an den Wurzelgrund, aus dem er lebt. So bekommen wir im Gespräch Anteil aneinander. Und es entsteht etwas Neues: Frieden in uns und zwischen uns sowie Gemeinschaft. Doch diese Gemeinschaft lässt jedem seine Herkunft, seine Sichtweise. Wir lernen voneinander. Wenn wir voneinander hören, gehören wir auch einander. Es entsteht ein Gefühl der Zugehörigkeit zu einem Größeren, von dem wir sprechen, zu den »Himmlischen«, wie Hölderlin sie nennt. Wir schenken dem anderen Gehör und hören so von ihm und zugleich von uns selbst. Wir lernen uns selbst besser kennen, wenn wir im Gespräch voneinander hören. Wir nehmen voneinander und beschenken uns auf diese Weise gegenseitig.

In unserem nun folgenden Austausch sind wir auf mehrere Dimensionen des Friedens eingegangen, die uns die biblisch-koranischen Traditionen ans Herz legen. So ist er für uns zu einer Erfahrung des Friedens geworden. Wir hoffen, dass wir auch Sie, liebe Leserin, lieber Leser, in dieses Gespräch hineinziehen können, dass Sie nicht nur Argumente für den Frieden lesen oder hören, sondern in Ihnen Frieden entsteht und von unseren und Ihren verwandelten Herzen ausströmt in diese Welt hinein. Dann dürfen wir gemeinsam hoffen, dass überall dort, wo Menschen über den Frieden ins Gespräch kommen, er sich in unserer Welt ausbreitet.

P. Anselm Grün,
Ahmad Milad Karimi

1

Frieden mit sich selbst

———————————

Gegensätze umarmen

ANSELM GRÜN

Bei Führungsseminaren erlebe ich immer wieder Menschen, denen es ein Anliegen ist, Frieden in ihre Betriebe zu bringen. Aber sie sind mit sich selbst nicht im Frieden, sondern innerlich zerrissen. Mit sich in Frieden zu kommen, das bedeutet, dass ich mit allem, was in mir auftaucht an Gedanken und Gefühlen, an Stärken und Schwächen, Frieden schließe.

Das griechische Wort für Frieden, *eirene*, hat mit der Harmonie in der Musik zu tun. In Frieden mit mir selbst bin ich, wenn ich die verschiedenen Töne in mir zusammenklingen lasse: die hohen und die tiefen, die leisen und die lauten, die schrillen und die sanften. Frieden heißt dann: mit mir selbst in Einklang sein. Doch das geschieht nicht von selbst, es ist ein Weg, ein Prozess hin zu diesem Einklang. Ein Orchester muss auch erst seinen gemeinsamen und einzigartigen Klang finden. Es geht darum, jedem Ton in mir zuzugestehen, dass er seine Berechtigung hat, und dann eine Möglichkeit zu finden, dass sie sich nicht gegenseitig übertönen, sondern einander klingen lassen, sodass sie einen guten Zusammenklang ergeben.

Einige Worte Jesu über den Frieden und die Versöhnung mit dem Gegner können wir als Wege zum Frieden mit sich selbst auslegen. In der Bergpredigt heißt es: »Schließ ohne Zögern Frieden mit deinem Gegner, solange du mit ihm noch auf dem Weg zum Gericht bist. Sonst wird dich dein Gegner vor den Richter bringen, und der Richter wird dich dem Gerichtsdiener übergeben, und du wirst ins Gefängnis geworfen. Amen, das sage ich dir: Du kommst von dort nicht heraus, bis du den letzten Pfennig bezahlt hast« (Mt 5,25f). Der Gegner, mit dem wir auf dem Weg ins Gericht sind, ist, um mit dem berühmten Schweizer Psychiater C. G. Jung zu sprechen, unsere Schattenseite, die wir nicht annehmen wollen. Doch wenn wir das, was unserem idealen Selbstbild widerspricht, verdrängen, verfolgt es uns als unser eigener Schatten. Daher lädt Jesus hier dazu ein, sich mit dem inneren Gegner, mit der Schattenseite auszusöhnen. Wenn wir uns mit dem Gegner in unserer Seele nicht einigen, dann wird er sich zu einem Tyrannen entwickeln, der uns beherrschen möchte. Er wird uns vor den Richter zerren, vor das eigene Über-Ich. Dieses Über-Ich ist ein unbarmherziger Richter, der uns verurteilt. Er wird uns ins Gefängnis unserer eigenen Selbstablehnung werfen, uns in unserer eigenen Angst und Enge festhalten. Dort müssen wir all das abzahlen, womit wir uns nicht versöhnen konnten. Das, was wir nicht annehmen wollen, wird uns verfolgen. Es wird sich immer wieder zu Wort melden und uns foltern. Das gilt so für unterdrückte Angst, für verdrängte Sexualität, für heruntergeschluckte Wut. All das müssen wir abzahlen, oft durch psychische Krankheiten, in Form neurotischer Symptome. C. G. Jung sagte einmal, die Neurose sei der Ersatz für das notwendige Leiden, das mit unserer Selbstwerdung verbunden ist. Wenn wir uns aussöhnen mit unseren Schwächen und Schattenseiten, dann ist das schmerzlich. Aber wenn wir diesem Schmerz aus dem Weg gehen wollen und den »Gegner« missachten, anstatt uns mit ihm auszusöhnen, geraten wir in das Gefängnis unserer neurotischen Muster. Zur Selbstwerdung ist es nötig, dass wir uns mit dem inneren Gegner schon unterwegs, also in unserem Leben im Hier und Jetzt, einigen und damit nicht bis zum letzten Gericht im Tod warten. Die Versöhnung bewahrt uns vor dem inneren Gefängnis, in das wir oft genug geraten, weil wir so vieles in uns nicht annehmen und wahrhaben wollen, weil wir nicht bereit sind, mit den unangenehmen Seiten in uns Frieden zu schließen. Nur wenn wir uns mit dem inneren Gegner versöhnen, wird er für uns zum Freund und Helfer auf dem Weg zur Heilung.

Jesus fordert uns nicht nur auf, mit den Schattenseiten in uns Frieden zu schließen, sondern auch mit dem Feind in uns. Dazu erzählt er ein kurzes Gleichnis:»Wenn ein König gegen einen anderen in den Krieg zieht, setzt er sich dann nicht zuerst hin und überlegt, ob er sich mit seinen zehntausend Mann dem entgegenstellen kann, der mit zwanzigtausend Mann gegen ihn anrückt? Kann er es nicht, dann schickt er eine Gesandtschaft, solange der andere noch weit weg ist, und bittet um Frieden« (Lk 14,31f).

Die Feinde, mit denen wir auf unserem Weg Frieden schließen sollen, das können eigene Fehler und Schwächen sein oder Lebensmuster, die uns oft beeinträchtigen, oder aber Leidenschaften wie Eifersucht, Ärger, Angst, Depression oder Süchte. Viele versuchen, ihre Eifersucht oder Angst mit Gewalt zu bekämpfen. Doch je mehr ich etwas in mir bekämpfe, desto stärker wird die Gegenkraft, die das Bekämpfte in mir entfaltet. Und so bin ich die ganze Zeit darauf fixiert, gegen meine Fehler und Schwächen zu kämpfen.

In diese Situation hinein erzählt uns Jesus das Gleichnis von dem König, der mit zehntausend Soldaten gegen den in den Krieg zieht, der ihm mit zwanzigtausend Soldaten entgegenkommt. Der König hat keine Chance, den Kampf zu gewinnen. Er wird seine ganze Kraft dabei verbrauchen. So tun es manche, die ihre ganze Kraft vergeuden, indem sie gegen sich selbst und gegen vermeintliche Fehler und Schwächen ankämpfen. Die Kraft, die sie dabei aufwenden, fehlt ihnen bei der Bewältigung ihres Lebens. Jesus rät uns, mit den Feinden Frieden zu schließen, aus den Feinden Freunde zu machen. Im Bild gesprochen habe ich dann statt zehntausend Soldaten dreißigtausend. Und das Land, in dem ich mich bewegen kann, wird größer. Ich bekomme also mehr Fähigkeiten und Kräfte und eine größere innere Weite.

Ich möchte das an einem Beispiel erklären. Eine Frau ärgerte sich immer wieder, dass sie manchmal Essattacken bekam. Sie genierte sich und bestrafte sich mit Fasten. Dann ging es einige Tage gut, bevor es wieder von vorne begann. Sie verbrauchte viel Energie dabei, auf Essen und Fasten fixiert zu sein und dies nach außen hin zu verbergen. Aus der Esssucht nun eine Freundin zu machen, wie Jesus rät, könnte so aussehen: Ich bekämpfe und bestrafe mich nicht, sondern frage die Sucht, was sie mir sagen möchte. Wonach sehne ich mich, wenn ich so viel esse? Ist es die Liebe, nach der ich mich sehne? Oder möchte ich den Ärger und die Enttäuschung durch Essen zustopfen? Oder habe ich das Gefühl, ich würde so hart arbeiten, da müsse ich mir ab und zu etwas gönnen? All diese Sehnsüchte bewerte ich nicht. Sie haben einen Sinn. Die Frage ist, wie ich anders mit ihnen umgehen kann, wie ich sie mir auf eine Weise erfüllen kann, die für mich besser ist, die kein schlechtes Gewissen und kein Schamgefühl in mir zurücklässt. Wenn ich das Essproblem als Freundin sehe, die mich immer wieder an meine eigentliche Sehnsucht erinnert, dann brauche ich irgendwann die Sucht nicht mehr. Dann hat sie mich nicht mehr im Griff.

Ein anderes Beispiel: Eine Frau ärgert sich darüber, dass sie so eifersüchtig ist auf die Sekretärin, die im Büro ihres Mannes arbeitet. Sie malt sich immer wieder aus, wie freundlich ihr Mann mit der anderen Frau umgeht, und fragt sich, ob er nicht vielleicht eine sexuelle Beziehung zu ihr hat. Der Mann versichert ihr immer wieder glaubwürdig, dass sie nichts zu befürchten hat. Sie sei seine Angestellte, aber nichts weiter. Die Frau glaubt ihrem Mann. Trotzdem kommt sie von ihrer Eifersucht nicht los. Sobald ihr Mann zur Arbeit ist, geht das Gedankenkarussell in ihrem Kopf wieder los. Sie weiß, dass sie ihren Mann nervt, wenn sie immer wieder von ihrer Eifersucht anfängt. Sie schadet sich selbst und ihrer Beziehung. Und trotzdem kommt sie nicht davon los. Die Eifersucht zu unterdrücken, funktioniert offensichtlich auch nicht. Dann taucht sie doch immer wieder auf.

Auch hier wäre es angemessen, mit der Eifersucht zu sprechen: Welche Sehnsucht steckt darin? Warum möchte ich, dass mein Mann mich allein liebt und sich mir allein zuwendet? Warum möchte ich meinen Mann ganz für mich allein haben? Indem ich mir diese Sehnsucht eingestehe, kann ich sie relativieren. Denn ich spüre, dass das unrealistisch ist. Ich kann den anderen nicht einsperren. Zudem wird er bei der Arbeit, aber auch bei sonstigen Gelegenheiten immer anderen Frauen begegnen. Ich kann nur darauf vertrauen, dass er mich auf einzigartige Weise liebt. Ich könnte die Eifersucht auch danach befragen, auf welche alten Wunden und welche Angst sie mich hinweist. Vielleicht bin ich einmal enttäuscht worden von einem Mann? Vielleicht habe ich als Kind nicht genügend Vertrauen und Zuwendung erfahren? Dann kann ich mich aussöhnen mit meiner Wunde. Ich werde mir keine Vorwürfe machen, wenn die Eifersucht in mir aufsteigt. Ich werde sie vielmehr als Einladung sehen, dankbar für meine Liebe zum anderen zu sein und zugleich meine alten Wunden Gott hinzuhalten, damit sie von seiner Liebe durchdrungen werden und so langsam heilen.

Sowohl das griechische Wort für Frieden als auch das hebräische Wort *schalom* bezeichnen einen Zustand des Friedens. Sie beschreiben ein Wohlbefinden des Menschen, ein Freisein von

Krieg, das bedeutet eben auch ein Freisein von innerem Krieg. Viele Menschen bekämpfen sich ständig selbst. Weil sie ihrem Idealbild nicht entsprechen, führen sie gegen die Seiten in und an sich Krieg, die ihnen nicht angenehm sind. Doch dann wird das Leben zu einem ständigen Kampf. Um in Frieden mit sich selbst zu kommen, braucht es einmal die Demut, all das, was in mir ist, anzuschauen und als Teil von mir anzunehmen. Das wird mir aber nur gelingen, wenn ich es zugleich Gott hinhalte und mir vorstelle, dass er mich mit all dem, was in mir ist, annimmt, dass ich bedingungslos von ihm geliebt bin. Zudem braucht es einen freundlichen Umgang mit mir selbst. Wenn ich gewaltsam und aggressiv Facetten meiner selbst unterdrücken will, werden sie immer stärker.

C. G. Jung deutet auch die Feindesliebe als Liebe für den Feind in mir. Natürlich ist das nur eine mögliche Deutung. Jesus meint sicher auch, dass wir den Feind außerhalb von uns selbst lieben sollten. Doch Jung ist der Überzeugung, dass die Liebe zum Feind erst möglich wird, wenn wir auch den Feind in uns lieben. So schreibt er einmal: »Wenn ich nun aber entdecken sollte, dass der Geringste von allen, der ärmste aller Bettler, der frechste aller Beleidiger, ja der Feind selber in mir ist, dass ich selber des Almosens meiner Güte bedarf, dass ich mir selber der zu liebende Feind bin, was dann? Dann dreht sich in der Regel die ganze christliche Wahrheit um, dann gibt es keine Liebe und Geduld mehr, [...] dann verurteilen wir und wüten gegen uns selbst.«[1]

Der Weg zum Frieden mit uns selbst ist für uns Christen nicht in erster Linie eine moralische oder psychologische Forderung, sondern es ist der Weg, den Christus selbst gegangen ist. Er war ein Mensch, der ganz und gar im Frieden war mit sich selbst. Zwei Bilder lassen diesen Frieden besonders deutlich werden:

das des Kindes in der Krippe, über dem die Engel den Frieden auf Erden besingen. Wenn wir das Kind in uns, das ursprüngliche Bild Gottes in uns annehmen, dann sind wir im Frieden mit uns. Das zweite ist das des Kreuzes als Bild für die Einheit aller Gegensätze. Der Epheserbrief beschreibt das so:»Er (Christus Jesus) ist unser Friede. Er vereinigte die beiden Teile und riss durch sein Sterben die trennende Wand der Feindschaft nieder« (Eph 2,14). Das Kreuz verbindet Juden und Heiden, es verbindet in uns das Fromme und das Unfromme, das Spirituelle und das rein Weltliche, das Bewusste und das Unbewusste, das Männliche und das Weibliche. Das Kreuz verbindet in uns Himmel und Erde, Licht und Dunkel. C. G. Jung hat daher das Kreuz immer als Zeichen gelingender Selbstwerdung bezeichnet, als Weg, uns mit den Gegensätzen in uns zu versöhnen. Jesus selbst sagt im Johannesevangelium:»Vom Kreuz herab werde ich alle an mich ziehen« (Joh 12,32). Das Kreuz ist also ein Bild der Umarmung. Jesus umarmt uns am Kreuz mit all unseren Gegensätzen. Indem wir auf das Kreuz als Bild des Friedens schauen, können wir mit uns selbst in Frieden kommen.

Durst nach Frieden

AHMAD MILAD KARIMI

Frieden bleibt eine menschliche Sehnsucht. Menschlicher Frieden hat dabei viele Formen. Die Friedensforschung sowie die Friedensethik befassen sich aus unterschiedlichen Perspektiven und Fragehorizonten mit dessen normativen Bedingungen. Die Friedensethik, die über das rechte Handeln und Verhalten des Menschen reflektiert, fragt nach dem Grund menschlicher Verantwortung für den Frieden – mit Assoziationen zu Gerechtigkeit, Freiheit und Gewalt. Der Friedensbegriff selbst aber ist kaum eindeutig bestimmbar[2], denn die Komplexität seiner Bezüge eröffnet unterschiedliche Perspektivierungen.[3] Dabei liegt es nahe, zwischen den Ursachen und dem Begriff des Friedens zu unterscheiden sowie empirische und gesellschaftspolitische Differenzen wahrzunehmen. Es wird innerhalb der Friedensforschung unter anderem zwischen einem negativen, einem positiven und einem kulturellen Frieden unterschieden. Nach dem Friedensforscher Johan Galtung geht es beim negativen Frieden um die Abwesenheit von direkter (personaler) Gewalt, während es sich bei positivem Frieden um die Abwesenheit indirekter (struktureller) Gewalt handelt. Und schließlich geht es beim kulturellen Frieden um die Abwesenheit mannigfacher kultureller Gewalt, worunter auch rigide religiöse Positionen zu rechnen sind.[4]

Dabei kann nach dem Frieden auch aus einer existenziellen und spirituellen Perspektive und Tiefe gefragt werden, denen in den gängigen Diskursen weniger Beachtung geschenkt wird. Für das religiös-spirituelle Bewusstsein im Islam ist die Offenbarung des Korans ein Friedensgeschehen. Der Koran steht nicht für sich, sondern für die Grundeinstimmung des Geistes, in dem der Glaube Frieden mit sich selbst stiftet und entfaltet. Frieden mit mir selbst finde ich, wenn ich mich dem Koran zuwende, ihn aus dem Regal nehme, ihn aus den Tüchern schlage, ihn achtsam in der Hand halte, ihn öffne und mit meiner Stimme seine Stimme höre:»Wahrlich, Wir sandten ihn [den Koran] herab in der Nacht der Bestimmung. Was lässt dich wissen, was ist die Nacht der Bestimmung? Die Nacht der Bestimmung, ja sie ist herrlicher als tausend Monde. Die Engel steigen hernieder, und in ihr der Geist, mit der Erlaubnis ihres Herrn, auf jegliches Geheiß. Friede ist sie, bis hereinbricht die Morgenröte.«[5]

Mit mir selbst in Einklang sein – das ist die primäre Bestimmung eines Friedens, die ich auch innerhalb der spirituellen Traditionen des Islams entdecke und die dem Menschen in seinem Mehrklang nachspüren. Rumi schreibt:»Der Mensch ist etwas Gewaltiges; in ihm ist alles geschrieben, aber Schleier und Finsternisse erlauben ihm nicht, dieses Wissen in sich selbst zu lesen und zu suchen.«[6] Um in Frieden mit sich selbst zu erklingen, muss in uns die Sehnsucht entfacht werden, diesem Mehrklang nachzugehen. Die Sehnsucht entsteht dadurch, dass wir einen inneren Drang nach Frieden verspüren, nach Wohlbefinden, nach Ruhe und Stille, eine Sehnsucht, die im Grunde unserer Existenz selbst ruht: Gott. Mit Gott, ob laut oder still, ist Stille. »Unsere Wüste hat keine Grenze, unser Herz und unsere Seele haben keine Ruhe. Welt über Welt hat Bild und Gestalt angenommen. Welches von diesen Bildern ist unseres?«[7], fragt Rumi. Die Aufgabe besteht nicht darin, nach der Sehnsucht zu suchen, sondern nach jenen Hindernissen, die wir in uns errichtet haben, um nicht in uns zu gehen. Um die eigene Mauer durchbrechen zu können, muss erst die Mauer zur Sichtbarkeit gelangen. Selbstvergessen kann kein Frieden entstehen.

»Suche nicht nach Wasser«, schreibt Rumi, »sondern werde durstig.«[8] Durstig nach einem Frieden, der uns aufrichtet, Haltung verleiht, der uns ermöglicht, dass wir mehr Mensch, mehr Du, mehr achtsam, mehr offen, mehr empfänglich für die eigene Fehlbarkeit werden, durstig nach einem Frieden, der bewirkt, mehr der andere zu sein, den wir sonst verachten, nicht sehen und spüren wollen. Wie können wir überhaupt zwischen Menschen, in der Gemeinschaft und Gesellschaft Frieden stiften, wenn wir nicht einmal mit uns selbst Frieden geschlossen haben?

Der Frieden mit sich selbst beginnt daher mit *meiner* Sehnsucht nach *mir* selbst. Sie kann weder vorgeschrieben noch von einem anderen übernommen werden. Das eigene Selbst kann fremd wirken, dunkel, aber auch beängstigend, weil wir nicht mit inneren Spannungen und Widersprüchen, mit Lustempfindungen und Hoffnungen in Berührung kommen wollen, die in uns Zerrissenheit auslösen. Doch das Fremde ist allein eine Projektion der Selbstverfremdung. »Außerhalb von dir ist nichts«, sagt Rumi, »was auch immer in der Welt ist; suche in dir selbst, wonach du auch immer strebst.«[9] Diese Suche ist eine Reise in uns selbst, um die eigenen Mysterien zu entdecken, unsere Schwächen und Stärken kennenzulernen, mit unserem Licht, aber auch mit unserem Schatten in Berührung zu kommen. Dabei ist nicht das bloße Hinnehmen der eigenen Person intendiert; vielmehr ist Frieden immer eine aktive Tat, eine Tat an uns selbst.

Frieden mit mir selbst lässt sich fassen als Anerkennen, wer wir sind, heißt, den Entwurf zu begreifen, wer wir sein können. Menschsein ist keine Begebenheit, sondern eine Tat. Insofern gehört die Aufgabe, mit sich selbst Frieden zu finden, zum eigenen Selbstentwurf. Dazu gehört aber auch wesentlich, dass wir auf dem Weg zum Frieden mit uns eine Distanz zu uns selbst aufbauen. Ohne diese sind wir für uns unsichtbar, unfühlbar, verstrickt in beschleunigtem und lärmendem Alltag. Erst eine Selbstdistanz eröffnet Selbstbeziehung, überhaupt erst Wege zum Frieden mit sich selbst. Es bleibt unser Weg, auf dem wir begleitet werden können, aber niemand kann ihn für uns gehen. Erst mit und aus der Distanz können wir uns liebend begegnen, in uns hineinatmen, Frieden spüren, Frieden leben.

Es gehört zum speziellen Weg der Spiritualität, die Nähe Gottes in Distanz zu sich selbst zu suchen. In liebendem Angenommensein werden wir zum eigenen Du. Was heißt es aber, zum eigenen Du zu werden? Rumi berichtet:»Es klopfte einer an des Freundes Tor. ›Wer bist du‹ – sprach der Freund – ›wer steht davor?‹ Er sagte: ›Ich!‹ Sprach der: ›So heb dich fort!‹« Enttäuscht geht er fort. Nach einem Jahr kommt er mit Reife zurück:»Er klopft' ans Tor mit hunderterlei Acht, dass ihm entschlüpft' kein Wörtlein unbedacht. Es rief der Freund: ›Wer steht dort vor dem Tor?‹ Er sagte: ›Du, Geliebter, stehst davor!‹ ›Nun, da du ich bist, komm, o Ich, herein – zwei Ich schließt dieses enge Haus nicht ein!‹«[10] Die Liebe eröffnet Distanz zum eigenen Ich, transformiert das Ich in ein Du. Die Haltung zum eigenen Ego steht also im Mittelpunkt. Lassen wir uns mit Liebe durchströmen, verliert sich der verbissene, eigensinnige, sich selbst wollende und um sich selbst rotierende Habitus.

Ein Mann kam zum Propheten Muhammad, erzählt Rumi, und sagte:»Wahrlich, ich liebe dich.‹ Der Prophet sagte: ›Sei vorsichtig mit dem, was du sagst!‹ Der Mann sagte: ›Wahrlich, ich liebe dich!‹ Der Prophet sagte: ›Sei vorsichtig mit dem, was du sagst!‹ Er wiederholte: ›Wahrlich, ich liebe dich!‹ Der Prophet sagte: ›Nun stehe fest, denn mit eigener Hand werde ich dich töten, wehe dir!‹«[11] Der Prophet droht ihm nicht an, dass er ihn töten wolle. Die Stimme, die der Mann hört, ist die Stimme des Geliebten. Damit verdeutlicht ihm der Prophet, nachdem er ihm dreimal Achtsamkeit ans Herz gelegt hat, dass Liebe Selbstdistanz, Egoverlust bedeutet. Frieden mit uns selbst finden wir in der Liebe, indem wir uns nicht mit dem identifizieren, was zu uns gehört: unsere Eifersucht, Selbstsucht, Geltungssucht und so weiter. Unsere Schwächen wie auch unsere Stärken gehören zu uns, aber wir sind nicht auf diese Schwächen oder Stärken reduzierbar.

Wer sind wir dann? Das Ego soll losgelassen werden, hören wir von den spirituellen und mystischen Traditionen. Was soll das aber genau heißen? Sollen wir uns leugnen, uns nicht ernst nehmen, uns nicht weiterentwickeln oder wachsen? Das Ego loszulassen, um in Frieden mit sich selbst zu kommen, soll das Ego kultivieren, mit Gelassenheit und Akzeptanz veredeln. Pater Anselm spricht in Anlehnung an die Weisheiten von Jesus von der Haltung, sich als Freund, als Freundin anzublicken, sich mit dem inneren Gegner und inneren Feind zu versöhnen, statt gewaltsam gegen sich zu kämpfen und sich in diesem Kampf, der uns nicht verwandelt, keinen Frieden schenkt, sondern verbittert und frustriert, aufzuzehren. An das Tor des eigenen inneren Feindes anzuklopfen, um Entfeindung herbeizuführen, wirkt heilsam und stiftet Mut, man selbst zu sein.

Pater Anselm hebt berührend hervor, dass für ihn als Christ der Weg zum Frieden mit uns selbst der ist, den Christus selbst gegangen ist – vor allem greifbar in zwei Bildern des Friedens: das Kind in der Krippe und das Kreuz. Ich muss erneut gläubig staunen, wie seine Worte meine innere Landschaft erreichen. Ich blicke in den Koran und entdecke, dass nicht die singenden Engel über dem Kind und auch nicht das Symbol des Kreuzes den Frieden mit uns selbst aufscheinen lassen, sondern Jesus selbst, das Kind Jesus in der Wiege, der über sich selbst als ein Du spricht: »Friede auf mich am Tag, als ich geboren, und am Tag, wenn ich sterbe, und am Tag, wenn ich zum Leben erweckt.«[12]

Findet das Herz Ruhe in Gott, so ist Frieden mit sich selbst gestiftet; der Frieden bleibt aber nicht im Herzen, er geht zum Nächsten über, nimmt den anderen mit.

2

Frieden mit dem anderen

———————————

Du und Du

AHMAD MILAD KARIMI

Es gibt nicht »den anderen« als eine unbestimmte, fremde, anonyme Gestalt. Es gibt allein den konkreten anderen von mir – mit einer Würde, einer Geschichte, einer Sehnsucht. Der andere ist immer ein Du. Und ich bin niemals losgelöst von dieser bleibenden Beziehung, die mir die Einsicht eröffnet, selbst ein Du zu sein. Das ist der dialogische Grundsatz der Religion: Mensch zu sein heißt, eine Beziehung zu sein, eine Beziehung von Du und Du. Diese verwandelt sich in ein Friedensverhältnis, wenn die Beziehung von Du und Du zu einem Wir wird. In der islamischen Tradition ist dieser Grundsatz der würdigenden und respektvollen Annahme des anderen, das Wir-Bewusstsein, früh aufgenommen worden. Zur Zeit des Propheten Muhammads gab es in Mekka einen Sklaven namens Bilāl, dessen Eltern aus Äthiopien stammten und der als Fremder in seinem mekkanischen Geburtsort betrachtet wurde – insbesondere aufgrund seiner Hautfarbe. Bilāl war ein Mensch, der kaum Rechte hatte, kaum als Mensch behandelt wurde – ein namenloser Diener. Er bekannte sich früh zum Islam, musste viel Leid ertragen, bis er aus der Sklaverei befreit wurde. Der Prophet sprach mit Bilāl auf Augenhöhe, berührte ihn, umarmte ihn, und trotz einiger Widerstände gab er ihm den Auftrag, als erster Mensch vom Dach der Kaaba zum Gebet zu rufen. Nicht seine Hautfarbe, nicht seine Vergangenheit als Sklave, nicht sein sozialer Stand waren für den Propheten von Bedeutung, sondern sein vornehmer Charakter[13], seine schöne, kraftvolle und bewegende Stimme. Im kollektiven Gedächtnis der Muslime stellt Bilāl daher eine Metapher für eine würdigende Haltung gegenüber dem anderen dar, jenseits aller äußerlichen und oberflächlichen Merkmale, die Menschen ungleich machen, wie etwa die Forderungen nach einer Leitkultur. Bilāl war so kein anderer mehr, kein Ausgestoßener, sondern ein lebendiges und würdevolles Du. Und genau hier liegt aus islamischer Perspektive der Kern des Friedens mit dem anderen, der darin besteht, ihn zu einem Du zu machen, sodass ein Wir entstehen kann.

Die anderen haben jeweils einen Namen, ein Gesicht, eine je eigene Lebensgeschichte. Ob die Nächsten oder die Fernsten, die anderen sind Menschen wie ich und du. Und jeder hat seine personale und individuelle Eigenheit, ist unverwechselbar, unersetzlich, nicht austauschbar. Die anderen sind keine fremde, pauschale Masse, sondern Menschen mit Hoffnungen, Träumen, Schwächen und Unzulänglichkeiten, mit Sehnsüchten, Schmerzen und Verletzlichkeiten.

Beim anderen steht nicht primär seine Andersheit im Vordergrund, sondern die mit ihm geteilte und lebendige Menschlichkeit. Die tiefsinnigen Worte von Anne Frank vom 11. April 1944, »Einmal werden wir doch wieder Menschen und nicht nur Juden sein!«, sind zeitlos. Die damals 15-Jährige sah äußerst präzise, dass das Menschsein eine Hoffnung darstellt, die wir der Selektion und Reduktion entgegensetzen sollten. So bringt es der muslimische Dichterphilosoph Muhammad Iqbal auf den Punkt, wenn er schreibt: »Du bist nicht frei vom Band von Lehm und Wasser, wenn du sagst: ›Ich bin Grieche, Afghane!‹ Ich bin erst Mensch, ganz ohne Duft und Farbe. Erst dann werd' ich ein Inder, ein Turane.«[14] Nicht unähnlich hat es bereits der deutsche Philosoph Hegel zum Ausdruck gebracht: »Der Mensch gilt so, weil er Mensch ist, nicht weil er Jude, Katholik, Protestant, Deutscher, Italiener usf. ist.«[15] Diese Haltung ist religiös dadurch begründet, dass Menschen allesamt auf einen gemeinsamen Ursprung zurückgeführt werden. Daher lässt diese Haltung keinen Raum für nationale, ethnische, genderspezifische oder gar rassenorientierte Ungleichheit zwischen Menschen. In seiner Abschiedspredigt wird der Prophet Muhammad diese Gleichheit aller Menschen hervorheben, wenn er sagt: »Die gesamte Menschheit stammt von Adam und Eva ab. Ein Araber hat weder einen Vorrang vor einem Nicht-Araber, noch hat ein Nicht-Araber einen Vorrang vor einem Araber; Weiß hat keinen Vorrang vor Schwarz, noch hat Schwarz irgendeinen Vorrang vor Weiß.« In diesen Worten atmet der koranische Geist, ein Geist, den wir noch nicht erreicht haben.

Wir stehen weiterhin in einer Wirklichkeit, die auf die Ungleichheit der Menschen fixiert ist, gerade auch aus vermeintlich religiöser Überzeugung. Ethnisches und nationales Identitätsdenken bestimmt nicht selten den politischen, aber auch den religiösen Alltag. Menschen werden aufgrund ihrer Hautfarbe diskriminiert und herabgewürdigt. Patriarchale Selbsterhöhungsfantasien prägen nach wie vor unsere Beziehungen. Frauen werden – gerade aus religiösen Überzeugungen heraus – unterdrückt, bevormundet, in ihrem (religiösen) Selbstbestimmungsrecht eingeschränkt. Die Diversität sexueller Orientierung wird religiös-ideologisch ignoriert, als unnatürlich abgetan oder abgelehnt. Diese toxischen Haltungen, die keineswegs geleugnet werden dürfen, gehören zu unserer realen Lebenswelt. Sie werden nicht selten durch religiöse Überzeugungen, die keine andere Überzeugung neben sich dulden, untermauert, und nutzen so die Religion als Instrument, um Menschen ungleich zu machen, wodurch vor allem der Frieden untereinander unmöglich wird. Denn welchen Wert kann der Frieden mit dem anderen haben, wenn mein Blick auf ihn von eigener Überlegenheit und Dominanz getrübt ist?

Die Besinnung auf einen gemeinsamen und geteilten Ursprung stiftet dagegen die Einsicht in die prinzipielle Gleichheit aller Menschen. Wir erblicken im anderen uns selbst, sehen und spüren Beziehung. Das ist eine heilende, entlastende und entwaffnende Erfahrung in zwischenmenschlichen Beziehungen. Wahrer und wahrhaftiger Frieden kann nur auf einem Boden wachsen, der auf würdigendem Respekt gegenüber einer prinzipiellen Gleichheit und Gleichwertigkeit basiert. In der Erzählung von Kain und Abel, wie sie sich im Koran findet, wird dieser Zusammenhang pointiert ausgeführt: Abel sagt zu seinem Bruder, als dieser ihn droht zu töten: »Gott nimmt an nur von den Gottesfürchtigen. Wenn du nach mir ausstreckst deine Hand, um mich zu töten, so werde ich nicht nach dir ausstrecken meine Hand, um dich zu töten. Ich fürchte Gott, den Herrn der Welten. Ich will, dass du trägst meine Sünde und deine Sünde und wirst einer der Gefährten des Feuers, dies ist die Vergeltung für Übeltäter.« Nachdem Kain ihn trotzdem erschlagen hat, heißt es weiter: »Deshalb haben Wir den Kindern Israels vorgeschrieben: Wenn einer tötet jemanden, nicht für einen anderen oder für Unheil auf der Erde: Es soll sein, als hätte er getötet die Menschen, allesamt. Und wenn einer erhält jemanden am Leben: Es soll sein, als hätte er erhalten die Menschen am Leben, allesamt. Und Unsere Gesandten kamen zu ihnen mit klaren Beweisen, aber selbst danach wurden viele von ihnen auf der Erde maßlos.«[16] Ein Brudermord. Eine Gewalttat, die uns als mahnendes und warnendes Motiv begleiten soll. Die Identifikation des einen Menschen mit der gesamten Menschheit und damit auch das Urteil über die Tötung beziehungsweise den Schutz des Lebens eines einzelnen Menschen auf die gesamte Menschheit zu verallgemeinern, zeigt ein Menschenbild, das den Frieden mit dem anderen als grundlegendes Maß zwischenmenschlicher Beziehung festschreibt. Die ungleichen Brüder, die hier in einer asymmetrischen Beziehung zueinander stehen, sind beide Menschen, beide repräsentieren die Ambivalenz, die in jedem von uns steckt. Der Mensch ist weder gut noch böse, sondern von seinem Wesen her offen, es steht ihm frei, wie er sich gegenüber anderen und zu sich selbst verhält, welchen Werten er folgt. Doch die entschiedene Haltung, die hier im Koran artikuliert wird, macht deutlich, dass hier keine neutrale Bewertung möglich ist, dass eben nicht beide Recht haben; vielmehr wird der Wert des menschlichen Lebens, der Wert des Friedens miteinander kompromisslos als eine von Gott gewollte Haltung im Leben dargestellt. Der andere ist wie ich, und ich bin selbst immer ein anderer für andere. Mit einer persönlichen Würde ausgestattet, sind wir nicht nur einander gleich, sondern auch unverfügbare Wesen, deren Selbstbestimmung und freie Aneignung des Lebens unantastbar sein müssen. Unsere menschliche Gleichheit schenkt Vertrauen, sich der Andersheit des anderen zu öffnen. Denn erst der Unterschied zum anderen macht Liebe möglich und Frieden wirksam. Wir unterscheiden uns voneinander, um zu erkennen, dass wir »füreinander nicht unterschieden sind. Das Gefühl und Bewußtsein dieser Identität ist die Liebe, dieses, außer mir zu sein: Ich habe mein Selbstbewußtsein nicht in mir, sondern im anderen, aber dieses andere, in dem nur ich befriedigt bin, meinen Frieden mit mir habe; habe ich den nicht, so bin ich der Widerspruch, der auseinanderfällt [...]«[17], schreibt Hegel treffend.

Mit dem anderen finden wir dann Frieden, wenn wir uns nicht auf das jeweils Gefundene beziehen, sondern auf das Gesuchte, also auf unsere Sehnsüchte und nicht auf das konkret schon Vorliegende. Das Suchen, vor allem auch das Suchen nach Frieden zu teilen, stiftet Frieden. Das Gefundene hingegen trennt und vereinzelt. So ist selbst der feste Glaube an Gott nicht als etwas zu verstehen, das wir gefunden haben. Gerade der Glaube ist der intensive Ausdruck einer Hingabe, einer bleibenden Sehnsucht, die der Unverfügbarkeit verschrieben ist. So treten wir einander achtsam und staunend gegenüber, während sich Sehnsucht und Sehnsucht berühren.

Ein solches Sehnen und Suchen erfordert aber, die anderen, die nicht selten wir selbst sind, immer wieder neu zu sehen, weil jedes Sehen auch Bestaunen sein kann, ein neuer Anfang, eine neue Chance darstellt, um voneinander berührt zu werden und zu lernen. Wenn wir uns als Lernende begreifen, die dies am besten miteinander tun, kann der geteilte Lebensweg nicht in Gewalt umschlagen. In diesem Sinn ist dem Koran pointiert zu entnehmen: »Gott ist unser Herr und euer Herr. Uns unsere Werke und euch eure Werke! Kein Streitgrund zwischen uns und euch. Gott wird uns versammeln. Und zu Ihm führt die Heimkehr. Und die, die streiten über Gott, nachdem Er gehört worden, deren Streitgrund: nichtig bei ihrem Herrn.«[18]

Dafür enthält die biblisch-koranische Tradition eine Vielzahl an Erzählungen, die mit großem Nachdruck für den Frieden mit dem anderen werben. Die Josefsgeschichte, die auch in der Bibel ausführlich erzählt wird, wird im Koran als »die schönste der Erzählungen«[19] bezeichnet. Hier gibt es große Ähnlichkeiten mit der alttestamentlichen Erzählung, aber sie ist nicht ganz identisch. Die Josefsgeschichte ist die einzige, die innerhalb einer Sure des Korans abgeschlossen erzählt wird. Manches führt sie aus, was in der Bibel nicht enthalten ist, und anderes fehlt. Sie ist zugleich eine zutiefst menschliche Geschichte. Es ist eine intensive, rhythmische, verdichtete, auf das Wesentliche konzentrierte Erzählung. Die Sure verzichtet auf Daten, historische Zusammenhänge, Personennamen, nur Jakob und Josef sind genannt, als stünden diese hier stellvertretend für die Menschheit beziehungsweise die Beziehung zwischen Menschen. Dabei geht es um die Sorge und Trauer eines Vaters, die Eifersucht und den Neid von Geschwistern, die Ängste und Unschuld eines Kindes, die liebende Sehnsucht einer Frau, um Geduld, Intrige, Vergebung, Hoffnung, Vertrauen und vor allem um den Frieden mit dem anderen. Josef erfährt Leid. Immer wieder wird er in einer neuen, intensiveren Form mit zwischenmenschlicher Enttäuschung konfrontiert. Er wird angelogen, hinters Licht geführt, ausgesetzt, in den Brunnen geworfen, verschleppt, verkauft, verleumdet, eingekerkert. Und Josef ist bei all dem ohne Schuld. Wir lesen die Geschichte einer beinahe unerträglichen Leiderfahrung eines Menschen, der in Verstrickung mit den anderen vielfach Gewalt ausgesetzt ist. Was bei der Geschichte verblüfft, ist die Haltung von Josef zu den Menschen. Er blickt mit Barmherzigkeit, Wärme und vor allem mit Hingabe zu Gott auf sie.

Wir hören, wie sich Josefs Leben in tragender Gegenwart Gottes vollzieht. Nach jeder Heimsuchung gewinnt er umso mehr an Stärke und Würde. Josef sucht keine Rache. Er ignoriert und verleugnet den anderen nicht, sondern sucht Frieden mit ihm, indem er sich erstens in Geduld übt und zweitens mit dieser Geduld sein Gegenüber verwandelt. In seiner Gegenwart gestehen die Brüder ihre Verfehlung ihrem Vater und ihm gegenüber ein und bereuen sie. In seiner Gegenwart wird seine ägyptische Herrin, die ihn verführen wollte und ihn verleumdet hat, alles gestehen und vor allem alles bereuen. Der Weg des Friedens führt durch die Wahrhaftigkeit. Josef inspiriert andere, sich der Wahrheit zuzuwenden. Allein diese Öffnung zur Wahrheit macht Frieden möglich. In Josef entdecken wir daher einen Menschen, dessen Haltung nicht nur zum Frieden mit dem anderen führt, sondern insbesondere den anderen zu *seinem* Frieden führt. Als er die Möglichkeit und die Macht hat, sich an seinen Brüdern, die ihm Schmerzen und Gewalt zugefügt haben, zu rächen, sagt er: »Kein Vorwurf trifft euch heute. Gott vergibt euch! Er ist der Barmherzigste der Barmherzigen.«[20]

Josef vergibt seinen Brüdern, trotz des Unrechts, das ihm angetan wurde. Und er trägt Sorge für die Brüder, anstatt an ihnen Rache zu nehmen. Seine Vergebung schlägt in Liebe um. Es ist ein subtiles Moment der Feindesliebe, das wir hier im Koran entdecken. Diese Versöhnung, seine Öffnung für den Frieden mit seinen Feinden gilt als Vorbild für alle Muslime. Als der bislang jüngsten Friedensnobelpreisträgerin, der Muslimin Malala Yousafzai von pakistanischen Taliban in den Kopf geschossen wurde, weil sie sich für das Recht auf Bildung für Mädchen einsetzte, überlebte sie den Anschlag. In ihrer vom Koran[21] inspirierten Rede vor den Vereinten Nationen sagte sie:»Ich hasse nicht einmal den Talib, der mich erschossen hat. Selbst wenn ich eine Waffe in der Hand hätte und er vor mir steht, würde ich nicht auf ihn schießen. Dies ist das Mitgefühl, das ich von Muhammad, dem Propheten der Barmherzigkeit, Jesus Christus und Lord Buddha gelernt habe. [...] Das ist es, was mir meine Seele sagt: Sei friedlich und liebe alle.«

Indem wir Frieden mit dem anderen, mit dem Gegner, Widersacher, mit dem Feind wagen, überschreiten wir auch immer eine Grenze. Es ist die Grenze unserer eigenen Position, unserer eigenen Stellung in der Welt. Sich zum anderen negativ zu verhalten oder die ablehnende Distanz zu wahren, ist deutlich bequemer. Der grenzüberschreitende Gang zum anderen bedeutet daher auch Arbeit. Seine eigenen Schatten zu überwinden, gelingt aber erst dann, wenn wir uns mit uns selbst auseinandersetzen. Frieden kann daher nicht Ignoranz bedeuten oder dass wir bedingungslos Versöhnung anstreben und über jede Differenz hinwegschauen, alles hinnehmen und alles über uns ergehen lassen. Keineswegs. In letzter Konsequenz würde eine derartige Haltung Gewalt bedeuten, vor allem Gewalt gegen die eigene Person und die eigenen Werte. Wir lesen im Koran von Abraham, dessen Vater ihn zurückweist, seinen Glauben, seine Hingabe zu Gott ablehnt und ihn mit Steinigung bedroht. Abraham rückt nicht von seiner Überzeugung ab, aber er erwidert die Ablehnung und Bedrohung mit den Worten:»Friede auf dich!«[22] Und er bittet für seinen Vater um Vergebung, indem er sich von ihm entfernt.

Als der Prophet Muhammad beschimpft und beleidigt wurde, hat er mit Sanftmut darauf reagiert. Seine Gefährten und seine Frau konnten für diese Reaktion kein Verständnis aufbringen. Jemand beleidigte ihn, sagte, dass er der hässlichste Mensch sei, den er je gesehen habe, und der Prophet entgegnete ihm:»Du hast Recht.« Diese Haltung hat nicht nur die Menschen in seiner Umgebung zum Nachdenken gebracht, sondern selbst die, die für ihn nur Hass übrig hatten. Damit war aber die Beleidigung, der Hass entkräftet, von innen ausgehöhlt. Frieden mit dem anderen wird daher dann Wirklichkeit, wenn sich Menschen gemeinsam verwandeln.

Auf Augenhöhe

ANSELM GRÜN

Der Frieden mit sich selbst ist die Bedingung, in Frieden mit dem anderen zu leben. Jesus hat das in seiner berühmten Deutung des Liebesgebotes zum Ausdruck gebracht, wie Lukas das im 10. Kapitel seines Evangeliums beschreibt. Da geht es einmal um die Verbindung von Gottesliebe, Nächstenliebe und Selbstliebe. Wir sollen den Nächsten lieben wie uns selbst. Martin Buber übersetzt diese Stelle so: Du sollst deinen Nächsten lieben, denn das bist du selbst. Ähnlich deutet es der jüdische Philosoph Emmanuel Levinas, der davon spricht, dass Gott uns im Antlitz des anderen begegnet. Daher ist die Liebe zum anderen immer auch Ausdruck der Liebe zu Gott und seiner Liebe zu uns. In der Liebe zum anderen liebe ich zudem immer auch mich selbst. Denn der andere ist mein Bruder, meine Schwester.

Es besteht jedoch die Gefahr, dass wir uns in unserer Nächstenliebe über den anderen stellen. Wir erfüllen das Gebot Gottes und das Gebot Jesu und benutzen den anderen, um eine »korrekte« Spiritualität zu verwirklichen. Diese Gefahr wehrt Jesus ab, indem er auf die Frage des Gesetzeslehrers, wer denn sein Nächster sei, die Geschichte vom barmherzigen Samariter erzählt (Lk 10,30–35). Ein Priester und ein Levit gehen an dem Mann, der von Räubern ausgeplündert und verletzt worden ist, vorüber, während der Samariter, der in Israel als Fremder, als Ausländer galt, Mitleid mit ihm hat und für den hilfsbedürftigen Mann sorgt. Zunächst scheint es so, als ob Jesus den verletzten Mann als unseren Nächsten beschreiben wollte, für den wir wie der Samariter sorgen sollen. Doch er stellt dem Gesetzeslehrer die Frage anders, als wir es erwarten: »Was meinst du: Wer von diesen dreien (Priester, Levit, Samariter) hat sich als der Nächste dessen erwiesen, der von den Räubern überfallen wurde?« (Lk 10,36). Es geht also darum, dass wir selbst für den notleidenden Menschen zum Nächsten werden. Wir sollen ihm nahekommen. Dann gibt es kein Gefälle mehr vom Helfenden zum Hilfsbedürftigen. Wir alle sind füreinander Nächste, wir sind einander nahe, auf der gleichen Augenhöhe.

Friede mit dem anderen ist also nur möglich, wenn wir ihm auf gleicher Augenhöhe begegnen, wenn wir aufhören, uns über ihn zu stellen. Es geht nicht darum, unserem Gegenüber großzügig Frieden anzubieten, sondern mit ihm in Frieden zu kommen. Das größte Hindernis auf diesem Weg ist der Mechanismus der Projektion: Alles, was wir an uns selbst nicht annehmen, womit wir uns nicht ausgesöhnt haben, das projizieren wir auf den anderen. Die Projektion unserer Schattenseiten verstellt uns den Blick auf den Menschen vor uns, wie er wirklich ist. Benedikt fordert daher die Mönche auf, in jedem Bruder und in jeder Schwester Christus zu sehen. Wir sollen den anderen nicht festlegen auf das, was wir sehen. Denn oft genug sehen wir dann nur unsere eigenen verdrängten Schattenseiten. Wir sollen vielmehr auf den guten Kern in jedem Menschen schauen oder zumindest daran glauben, dass in jedem Menschen die Sehnsucht steckt, gut zu sein. Der Münchner Psychotherapeut Albert Görres meinte einmal, keiner würde das Böse aus Lust am Bösen tun, sondern immer aus Verzweiflung. Auf diese Weise übersehe ich das Böse nicht, das von einem anderen ausgeht. Aber ich lege ihn nicht darauf fest. Ich schaue dahinter, auf den guten Kern im anderen, auf seine Sehnsucht, gut zu sein. Dieser Blick auf das Gute in ihm ist die Voraussetzung, mit ihm in Frieden zu kommen.

Ein anderes Hindernis auf dem Weg zum Frieden mit dem anderen ist die Verletzung, die wir durch ihn erfahren. In jeder Beziehung, sei es in der Partnerschaft, in der Freundschaft, in der Familie, am Arbeitsplatz, in der Gesellschaft, kommt es zu Verletzungen und Kränkungen. Wenn jemand davon betroffen ist, fällt es ihm schwer, mit dem anderen in Frieden zu kommen. Damit das gelingen kann, muss er ihm vergeben und sich mit ihm versöhnen. Es gibt jedoch einen Unterschied zwischen vergeben und versöhnen. Vergeben kann ich allein. Dazu brauche ich den anderen, seine Antwort nicht. Vergeben bedeutet in dem Sinn weggeben, oder, wie das lateinische Wort für vergeben, *dimittere*, zum Ausdruck bringt: wegschicken. Ich lasse die Verletzung beim anderen. Ich befreie mich von der negativen Energie, die dadurch in mir ist. Wenn ich nicht vergeben kann, bin ich an den gebunden, der mich gekränkt hat. In der Vergebung befreie ich mich von der Macht, die der andere über mich ausübt. Zu dieser Befreiung braucht es auch die Kraft der Aggression.

Versöhnung dagegen geschieht immer nur zwischen Menschen. Durch sie entsteht Frieden. Im Lateinischen heißt Versöhnung *reconciliatio*. Das bedeutet wörtlich übersetzt, dass die Beziehung und die Gemeinschaft wiederhergestellt werden. Damit ist aber auch ausgesagt, dass die Gemeinschaft im Moment gestört ist oder es zuvor war. Es braucht also zunächst das ehrliche Eingeständnis, dass das Miteinander so, wie es ist, nicht gut ist, dass momentan kein Frieden herrscht. Dabei darf ich die Schuld für den Unfrieden nicht einfach beim anderen suchen. Vielmehr geht es darum, ehrlich miteinander darauf zu schauen, was zum Unfrieden geführt hat. Oft sind es Verletzungen auf beiden Seiten. Manchmal ist es aber auch einfach nur eine Antipathie, die man dem anderen gegenüber empfindet. Beides sollte angesprochen werden, ohne das Verhalten des anderen und ohne den anderen als Person zu bewerten. Sobald ich das tue, stelle ich mich über ihn und verhindere den Frieden mit ihm. Ahmad Milad Karimi schreibt zurecht, dass kein Frieden möglich ist, »wenn mein Blick auf den anderen von eigener Überlegenheit und Dominanz getrübt ist«.

Die frühen Mönche haben mit dem Gelingen und Misslingen von Versöhnung und Frieden ihre ganz eigenen Erfahrungen gemacht. Schon damals hatten sie die Einsicht: Wenn einer meint, er sei spirituell weiter als der andere und daher so großzügig, ihm zu vergeben und sich mit ihm zu versöhnen, wird das nicht gelingen. Wir sollen daher unserem Gegenüber in aller Demut begegnen und den anderen immer als Spiegel für uns selbst sehen. In ihm erkennen wir uns selbst, entdecken wir, dass die Dinge, die uns an ihm aufregen, letztlich in uns selbst sind. Hermann Hesse meinte einmal, wir würden uns nur über das bei anderen aufregen, was auch in uns sei. Ein altes Wüstenvaterwort lautet: »Wenn du jemanden sündigen siehst, sage dir: ›Ich habe gesündigt.‹« Das erscheint uns übertrieben. Doch der andere ist der Spiegel, in dem wir uns deutlicher erkennen, als wenn wir nur in uns selbst hineinschauen. Das betont auch Ahmad Milad Karimi, wenn er schreibt, dass die anderen nicht selten wir selbst sind und dass wir im anderen uns selbst erkennen.

Die Voraussetzung, uns zu versöhnen und in Frieden miteinander zu kommen, ist, dass wir anderen ehrlich und demütig begegnen, ohne sie zu bewerten, und immer mit dem Glauben, dass sie sich ebenfalls nach Versöhnung sehnen. Wir sollten uns dabei jedoch nicht kleinmachen und uns völlig auflösen, nur damit der andere zufrieden ist. Denn dann fühlen wir uns als Versager und empfinden keinen wahren Frieden.

Manchmal bleibt unser Gegenüber, mit dem wir uns versöhnen möchten, auch stur. Mir fällt auf, dass das gerade dann häufig der Fall ist, wenn es um das Erben unter Geschwistern geht. Manche sind nicht zur Versöhnung bereit. Die übrigen Kinder können sich noch so sehr darum bemühen, mit dem verbohrten Bruder einen Kompromiss zu finden, bei dem er großzügig bedacht würde. Aber er ist einfach nicht dazu bereit. Dann bleibt mir als Schwester oder Bruder nur die Aufgabe, mich innerlich mit ihm zu versöhnen, ihm nicht zu grollen und dadurch von ihm meine Gefühle bestimmen zu lassen. In der Bergpredigt fordert Jesus von seinen Jüngern etwas, das schier unmöglich scheint: »Wenn du deine Opfergabe zum Altar bringst und dir dabei einfällt, dass dein Bruder etwas gegen dich hat, so lass deine Gabe vor dem Altar liegen; Geh und versöhne dich zuerst mit dem Bruder, dann komm und opfere deine Gabe« (Mt 5,23f). Das würde bedeuten: Wenn der Bruder stur bleibt, darf ich gar nicht zum Altar schreiten. Doch das kann Jesus wohl kaum gemeint haben. Er fordert uns vielmehr auf, uns innerlich mit dem Bruder zu versöhnen. Wir dürfen nicht mit negativen Gedanken über ihn zum Altar gehen, um zu beten. Evagrius Ponticus, der Psychologe unter den Wüstenmönchen, deutet daher dieses Wort Jesu nicht moralisch, sondern mystisch: »Lass deine Gabe vor dem Altar, geh und versöhne dich erst mit deinem Bruder, rät uns unser Herr – dann wirst du ungestört beten können. Groll nämlich trübt den Geist des Menschen, der betet, und wirft einen Schatten über sein Gebet.«[23] Er fordert also, dass wir ohne Groll gegenüber dem anderen beten sollen. Sonst werden wir unfähig zum wirklichen Beten, zur wirklichen Beziehung zu Gott, zum Frieden mit Gott.

Das Gebet ist für Evagrius ein Test, ob wir wirklich im Frieden mit dem anderen leben. Zugleich ist das Gebet auch ein Weg, uns von feindseligen Gedanken zu befreien. Dem Mönch, der in sich den Drang spürt, jemanden auszuschimpfen, rät er, sich dem Gebet zuzuwenden: »Du wirst dann merken, wie plötzlich diese unordentlichen Regungen verschwinden.«[24] Das Gebet soll uns also reinigen von allen negativen Emotionen gegenüber anderen. So ist es für Evagrius ein wichtiger Weg, mit sich selbst und mit den Brüdern und Schwestern in Frieden zu kommen. Doch das, was der Mönch im Gebet erfährt, soll er dann auch in seinem Verhalten äußern: dass er im Frieden ist, dass er sich mit allen verbunden fühlt. Evagrius formuliert die Früchte des Gebetes so: »Ein Mönch ist ein Mensch, der sich von allem getrennt hat und sich doch mit allem verbunden fühlt. Ein Mönch weiß sich eins mit allen Menschen, denn immerzu findet er sich in jedem Menschen.«[25] Frieden finden wir, wenn wir uns innerlich mit dem anderen verbunden fühlen und wenn wir um die innere Einheit wissen. In der Tiefe sind wir eins mit allen Menschen. Wir können darauf vertrauen, dass das Einssein aus der Tiefe unserer Seele auch in unser Bewusstsein vordringt und wir uns so wirklich eins fühlen mit allen. Das wäre gerade in unserer heutigen Gesellschaft heilsam, die immer mehr in Gefahr ist, sich zu spalten. Wenn wir um die innere Einheit wissen und sie im Gebet immer wieder erfahren, werden wir auch fähig, mit den Menschen eins zu werden, selbst wenn wir andere Meinungen vertreten oder einer anderen Religion angehören.

3

Frieden mit Gott

———————————

Gott ist der wahre Friede

Im Alten Testament ist ein häufiger Grund, weshalb der Mensch in Unfrieden mit Gott gerät, das Leid, das oft gerade den Gerechten trifft. Dagegen rebellieren die Betroffenen. Hiob, der sein ganzes Hab und Gut und seine Kinder verloren hat, klagt Gott an und schreit ihm die vorwurfsvollen Worte entgegen: »Nützt es dir, dass du Gewalt verübst, dass du das Werk deiner Hände verwirfst?« (Hiob 10,3). Sein Freund Elifas fordert ihn dagegen auf: »Werde sein Freund und halte Frieden!« (Hiob 22,21). Doch Hiob wehrt sich gegen solche Ratschläge. Sein Leid ist zu groß, als dass es sich durch solche Worte befriedigen lassen würde. Erst als ihm Gott die Macht und Schönheit seiner Schöpfung zeigt, ergibt sich Hiob in das Geheimnis des unbegreiflichen Gottes: »Vom Hörensagen nur hatte ich von dir vernommen; jetzt aber hat mein Auge dich geschaut. Darum widerrufe ich und atme auf, in Staub und Asche« (Hiob 42,5f). Nun, da er das Geheimnis Gottes in seiner Größe erkennt, kommt er mit ihm in Frieden. Dieser Frieden mit dem Gott, der so viel größer ist als er und zugleich unbegreiflich, führt ihn zu einem neuen Daseinsgefühl. Jetzt atmet er auf, jetzt spürt er sich selbst und seine innere Weite. Der Weg hin zu einem solchen Frieden mit Gott führt im Alten Testament meist über die Klage, bei der die Betroffenen Gott alles vorwerfen, was sie bedrückt. Am Ende steht dann jedoch immer die Bereitschaft, sich Gott hinzugeben und sich mit seinem Tun einverstanden zu erklären. Der Zustand des Menschen ist nicht der Frieden mit Gott. Es ist vielmehr unsere Aufgabe, durch alles Leid und alle Rebellion hindurch immer wieder dorthin zu gelangen.

Im Römerbrief schreibt der Apostel Paulus: »Gerecht gemacht aus Glauben, haben wir Frieden mit Gott durch Jesus Christus, unseren Herrn« (Röm 5,1). Diese Worte klingen schön. Aber wie sollen wir sie verstehen? Paulus geht offensichtlich von der Erfahrung aus, dass die Menschen nicht im Frieden sind mit Gott. Weil sie ein schlechtes Gewissen haben wegen ihrer Schuld, fühlen sie sich von Gott getrennt. Ein schlechtes Gewissen trennt uns auch von anderen Menschen. Wir trauen uns nicht, dem zu begegnen, den wir verletzt haben. Erst wenn er uns vergibt, finden wir wieder den Zugang zu ihm. Ähnlich ist es mit Gott. Paulus sieht den Menschen als Sünder, als einen, der das Gesetz übertreten hat oder der unfähig ist, das Gesetz wirklich zu halten. Er strengt sich zwar an, wird es aber nie schaffen, das Gesetz in allen Einzelheiten zu befolgen. So strengen sich die Menschen an, um Gott zufriedenzustellen. Aber das führt nur in die Enttäuschung und oft auch in die Verzweiflung. Die Grundtatsache des Glaubens ist für Paulus, dass Gott uns in Jesus Christus gezeigt hat, dass er uns bedingungslos annimmt, auch mit unserer Schuld, ja, dass er uns unsere Schuld vergeben hat. Diese Erfahrung, dass wir von Gott bedingungslos geliebt sind, ermöglicht es, uns Gott wieder zu öffnen und in Frieden mit ihm zu leben.

Statt vom Frieden spricht Paulus auch von der Versöhnung mit Gott. Damit meint er nicht, dass wir Gott versöhnen müssten, sondern dass Gott in Jesus Christus Versöhnung geschaffen hat. Daher ist die wichtigste Botschaft für Paulus die Versöhnung mit Gott: »Wir bitten an Christi Statt: Lasst euch mit Gott versöhnen!« (2 Kor 15,20). Viele christliche Theologen deuten diesen Satz so, dass Christus am Kreuz unsere Sünden gesühnt hat und auf diese Weise Versöhnung geschaffen hat. Aber dann ist die Frage, ob Gott es wirklich nötig hat, dass unsere Sünden gesühnt werden. Das wäre doch ein eigenartiges Gottesbild. Paulus versteht diesen Satz vielmehr so, dass Gott uns in Jesu Tod seine Liebe gezeigt hat, die alle unsere Selbstvorwürfe und Selbstbeschuldigungen entmachtet. Er schreibt: »Christus ist schon zu der Zeit, da wir noch schwach und gottlos waren, für uns gestorben. Dabei wird nur schwerlich jemand für einen Gerechten sterben; vielleicht wird er jedoch für einen guten Menschen sein Leben wagen. Gott aber hat seine Liebe zu uns darin erwiesen, dass Christus für uns gestorben ist, als wir noch Sünder waren« (Röm 5,6–8). Hier ist nicht von einem Sterben die Rede, das unsere Sünden sühnt, sondern von einem Sterben aus Liebe, das uns vermittelt: Du bist bedingungslos geliebt von Gott. Du brauchst dich vor ihm nicht zu verstecken. Du darfst sein. Gott ist dir wohlgesonnen. Das ermöglicht es dir, mit Gott in Frieden zu kommen.

Die einzige Stelle, an der Paulus von Sühne spricht, wird häufig ebenfalls falsch ausgelegt. Denn Paulus sagt eigentlich *hilasterion*, das ist der sogenannte Sühnedeckel, der Ort, an dem die Versöhnung zwischen Gott und dem Volk Israel offenbar wird. Die Einheitsübersetzung deutet den Text so: »Ihn hat Gott dazu bestimmt, Sühne zu leisten mit seinem Blut, Sühne, wirksam durch Glauben« (Röm 3,25). Diese Formulierung legt nahe, dass Jesus Sühne leisten muss. Der evangelische Theologe und Neutestamentler Peter Stuhlmacher dagegen übersetzt richtiger: »Den Gott öffentlich eingesetzt hat zum Sühnmal (das) durch den Glauben (zugänglich und wirksam wird) kraft seines Blutes.« Das Kreuz ist für Paulus also der Ort, an dem die Versöhnung zwischen Gott und den Menschen erfahrbar wird. Doch wir dürfen uns das nicht so vorstellen, wie es in manchen Traktaten dargestellt wird, dass Jesus unsere Sünden abbüßen muss, indem er möglichst viel leidet. Der Friede zwischen Gott und Mensch geschieht am Kreuz vielmehr dadurch, dass Gott diesen Jesus, der am Kreuz scheinbar gescheitert ist, auferweckt. Wir müssen daher immer Kreuz und Auferstehung zusammen sehen. Beides vermittelt uns die Hoffnung, dass es keine Dunkelheit gibt, die nicht vom Licht Gottes erleuchtet wird, kein Scheitern, dass nicht zu einem neuen Anfang werden kann, und keine Entfremdung von Gott, die nicht durch seine Liebe in heilsame Nähe verwandelt werden kann.

Paulus greift hier auf die jüdische Deutung des Sündenfalls zurück. Sie stellt diese Begebenheit als Verlust der ursprünglichen Seinsweise des ersten Menschenpaares dar: als Entkleidung vom Kleid der Gerechtigkeit. Am Kreuz wird der von allen Kleidern entblößte, aber von Gottes Liebe umhüllte Jesus zu dem Bild, dass Gott uns ein neues Kleid geschenkt hat: das Kleid der Gerechtigkeit, das Kleid der ursprünglichen Herrlichkeit, das Adam und Eva bekleidet hat. Jetzt braucht sich der Mensch nicht mehr vor Gott zu verstecken, so wie es Adam und Eva taten, weil sie sich nackt fühlten, weil sie voller Schuldgefühle waren. Das Kreuz befreit uns von den Schuldgefühlen und schenkt uns gerade so den Frieden mit Gott.

Paulus wünscht zu Beginn seiner Briefe den Empfängern seiner Schreiben oft »Friede von Gott, unserem Vater und dem Herrn Jesus Christus« (Röm 1,7, ähnlich in 1 Kor 1,3, Gal 1,3, Phil 1,2 und an vielen anderen Stellen). Paulus knüpft hier an die jüdische Grußformel an: »Erbarmen und Friede sei mit euch!« Doch er spricht ausdrücklich vom Frieden, der von Gott kommt. An anderen Stellen nennt er ihn den »Gott des Friedens« (Röm 15,33). Paulus versteht ihn für alle Christen als die Quelle und den Grund allen Friedens. In Gott selbst ist Friede. Und wer sich diesem Gott nähert, der erfährt seinen Frieden.

Der Mensch wagt sich aufgrund der bedingungslosen Liebe, die er im Tod Jesu Christi am Kreuz erfahren hat, wieder in seine Nähe. Und auf diese Weise erfährt er, dass Gott ihm wahren Frieden schenkt. Der Mensch kann sich nicht selbst den Frieden schenken. Seine Aufgabe ist es, sich auszusöhnen mit sich selbst, mit seinen Stärken und Schwächen. Aber tiefen inneren Frieden erfährt er nur, wenn er sich in Gott hineinfallen lässt, vor dem er sein darf, wie er ist, weil er spürt: Alles in mir und an mir ist von Gottes Liebe durchdrungen.

Gott ist in sich Friede. Und wenn wir uns ihm gegenüber öffnen, dürfen wir in uns Frieden erfahren – mit uns selbst und mit Gott. C. G. Jung interpretiert den Frieden mit Gott auf seine Weise. Er meint: Die Bedingung, zum Frieden mit Gott zu kommen, besteht darin, dass sich der Mensch ganz und gar Gott überlässt, sich in ihn hinein loslässt, nicht mehr an seinem Ego festhält. Jung beschreibt diesen Zustand so: »Sie kamen zu sich selber, sie konnten sich selber annehmen, sie waren imstande, sich mit sich selbst zu versöhnen, und dadurch wurden sie auch mit widrigen Umständen und Ereignissen ausgesöhnt. Das ist fast das Gleiche, was man früher mit den Worten ausdrückte: Er hat seinen Frieden mit Gott gemacht, er hat seinen eigenen Willen zum Opfer gebracht, indem er sich dem Willen Gottes unterwarf.«[26] Das Ego will sich immer behaupten. Es hält krampfhaft an sich fest. Doch damit isoliert es sich und verliert die Beziehung zu anderen Menschen und zu Gott. Wenn ich mein Ego loslasse und mich in Gott hineinfallen lasse, dann werde ich wirklich frei, dann bin ich im Frieden mit mir selbst und mit Gott. C. G. Jung unterscheidet zwischen dem Ego und dem Selbst. Das Selbst bezeichnet die Mitte des Menschen, das Ego dagegen sozusagen das Bild, das wir anderen von uns vermitteln möchten. Zum Selbst gelangt nach Jung nur der, der auch das Gottesbild in sich zulässt, der sich für Gott öffnet. Solange ich krampfhaft an mir selbst und an meinen Wünschen festhalte, bin ich immer im Umfrieden mit mir und mit Gott. Sich ihm zu überlassen, darauf zu vertrauen, dass Gottes Wille auch für mich das Beste ist, das schafft innere Freiheit und Frieden.

Die eigenen Wünsche und Bedürfnisse können Menschen innerlich zerreißen. Zum Frieden kommen sie nur, wenn sie ihre Wünsche und Bedürfnisse loslassen und sich ganz Gottes guten Händen anvertrauen. Das ist letztlich eine ähnliche Haltung wie die Hingabe, die wesentlich ist im Islam. Jesus drückt dieses Loslassen des Egos in seinem Nachfolgewort aus: »Wer mein Jünger sein will, der verleugne sich selbst, nehme täglich sein Kreuz auf sich und folge mir nach« (Lk 9,23). Das griechische Wort für verleugnen ist *aparneisthai*. Es meint: Widerstand leisten gegen die Tendenzen des Egos, das alles in mir bestimmen möchte, nein zu sagen zur Herrschaft des Egos. Das ist die erste Aufgabe eines Jüngers. Die Zweite besteht darin, täglich sein Kreuz auf sich zu nehmen, das meint: täglich Ja zu sagen zu dem, was mich durchkreuzt, mich täglich anzunehmen mit meinen Gegensätzen, die mein Idealbild von mir durchkreuzen. Wenn ich das täglich einübe, werde ich Jünger Jesu. Das wiederum bedeutet, wie Jesus selbst im Frieden mit Gott zu sein. Als Jünger Jesu, der gelernt hat, von seinem Ego frei zu werden und sich Gott zu überlassen, bin ich nicht mehr hin- und hergerissen zwischen den verschiedenen Wünschen meines Egos. Indem ich mich Gott überlasse, gelange ich in den Grund meiner Seele, in der Gott selbst in mir wohnt. Und dort bin ich eins mit mir selbst, dort bin ich im Frieden mit mir und mit Gott.

Der Ruf des Friedens

AHMAD MILAD KARIMI

Wie können wir Frieden mit Gott finden, wenn seine Unbegreiflichkeit zwischen uns steht? Es geht dabei nicht um eine neutrale Unbegreiflichkeit als eine Art Unbestimmtheit göttlicher Wirklichkeit, sondern um eine konkrete Unbegreiflichkeit Gottes in Nichtübereinstimmung mit seinem eigenen Werk. Seine Allmacht, seine unbedingte Liebe und unbegrenzte Barmherzigkeit können kaum glaubhaft angenommen werden angesichts des Unrechts, unverschuldeter Leiderfahrung, der nie endenden Gewalt, der schrecklichen Krankheiten, um nur einige Beispiele zu nennen. Die Rede von Gott, die Möglichkeit, mit Gott Frieden zu finden, wird somit beinahe unmöglich. Daher stimme ich mit Pater Anselm überein, dass zunächst das Leid einen plausiblen Grund darstellt, warum Menschen eher Unfrieden mit Gott empfinden oder überhaupt seine Existenz ablehnen. Wenn ein Kind an Krebs erkrankt und intensiven Schmerzen ausgesetzt ist, um kurz danach zu sterben, dann kann wohl kaum ohne Weiteres von einem allgütigen, allliebenden, allmächtigen Gott die Rede sein, mit dem wir unseren Frieden finden, weil wir sein Geheimnis nicht kennen, warum er dieses Leid zulässt. Zu glauben heißt nicht, seine Augen vor der Realität, vor Unrecht und Schmerz zu verschließen, sondern sich diesem Leid zu stellen. Die Erinnerung an Hiob, der auch im Koran als der Prophet 'Ayyūb Erwähnung findet[27], zeigt in diesem Zusammenhang eine besondere Haltung[28], weil er Gott nicht leugnet, um seinen Frieden jenseits von Gott zu finden, zum Beispiel in der Einsicht, dass er einfach zufällig in Leiderfahrungen verwickelt ist oder – weltlich gesprochen – Pech hatte. 'Ayyūb lässt Gott nicht los. Seine Treue zu ihm ist unverbrüchlich. Am Anfang ist er gesegnet mit allem. Er führt ein frommes und gottesfürchtiges Leben, ohne dass er mit seinem ursprünglichen Frieden mit Gott in Berührung wäre. Dann wird er von Leiderfahrungen heimgesucht. Aber er nimmt das Leid geduldig hin – und findet Frieden mit Gott in seinem Unfrieden.

Sodann klagt er an, weil er das Unrecht für nicht hinnehmbar hält. Er will nicht in seinem Unfrieden mit Gott Frieden finden. Der Weg, der ihn dorthin führt, ist sein Hadern mit Gott, sein Unwille, sich mit der Vorstellung eines Gottes zufrieden zu geben, der in ihm Unfrieden stiftet. Hingabe an Gott, so lernen wir von 'Ayyūb, wird einem nicht gegeben, sondern man muss ihn sich erarbeiten, erringen. Die Aufgabe ist aber dann nicht endgültig gelöst, sodass wir ein für alle Mal unseren Frieden gefunden hätten, es ist vielmehr ein Prozess mit Höhen und Tiefen, mit Klage und Ruhe, mit Halt und Haltlosigkeit, mit Gewinn und Verlust, mit Erfolg und Scheitern. Frieden mit Gott zeigt sich somit als ein Verwandlungsakt, in dem wir immer wieder unseren Unfrieden in Frieden umwandeln.

Doch die Frage bleibt: Was wäre aber, wenn der Ewige Hiob nicht seine Macht und Schönheit gezeigt, sondern ihn mit noch mehr Leid heimgesucht hätte? Oder ist unsere Wunde, wie einmal Rumi anmerkte, der Ort, an dem Licht in uns eindringt? Das Wort Gottes, dass er von niemandem mehr fordert, als dieser vermag, ist im Koran aufgenommen und mit der schönen Gebetszeile ergänzt: »Unser Herr, lade uns nichts auf, wozu wir keine Kraft haben.«[29]

Wenn auch mit etwas anderer Zuspitzung, so ist auch im Koran die liebende Annahme des Menschen tragend. Er benötigt keine äußerliche oder innerliche Versöhnung mit Gott. Denn er ist in einem Bund mit ihm geboren und durch das Heil bestimmt. Er wird in Frieden mit Gott geboren, ohne aber darüber zu verfügen. Im Menschen ist eine unverrückbare, natürliche Gottzugewandtheit (*fiṭra*) eingeschrieben, lehrt der Koran.[30] Er mag keine Berührung zu dieser Wahrheit in sich haben oder diese ablehnen, aber das Fundament für den Frieden mit Gott ist etwas Intrinsisches im Menschen. Diesen Frieden zu finden, bringt den Menschen dazu, in sich zu gehen, aber auch dazu, sich würdigen zu lernen. »Und wahrlich, geehrt haben Wir die Kinder Adams und sie getragen auf dem Festland und auf dem Meer, und sie beschert mit guten Dingen und sie ausgezeichnet vor den vielen, die Wir erschaffen, ausgezeichnete.«[31]

Keine Sünde haftet an ihm, sodass auch Adam nicht durch die Vertreibung aus dem Paradies mit der Sünde belastet ist, um die Menschen allesamt in dieser ursprünglichen Sünde zu verstricken. Die Idee des Sündenfalls als Bruch mit Gott, der »als Verlust der ursprünglichen Seinsweise des ersten Menschenpaares« begriffen wird, wird im Koran und mithin in der Geistestradition des Islam nicht angenommen.[32] Der Mensch, jeder Mensch kommt ohne Schuld in die Welt, sodass die Geburt als Fest der Barmherzigkeit aufzufassen ist, wobei der Frieden mit Gott mit dem Leben beschenkt wird. Im Koran hören wir: »Da empfing Adam Worte von seinem Herrn, so wandte Er Sich ihm wieder zu. Siehe, Er ist der unübertrefflich Gnädige, der Barmherzige. Wir sprachen: ›Geht hinab von hier allesamt! Und kommt zu euch Meine Rechtleitung, die dann Meiner Rechtleitung folgen, befällt keine Furcht, noch werden sie traurig sein.‹«[33] Nicht eine Versöhnung mit Gott steht dabei im Mittelpunkt, sondern die Einsicht in die Gottbedürftigkeit: »O ihr Menschen, ihr seid Bedürftige Gottes!«[34] Aber der Mensch ist mit seiner Bedürftigkeit, mit der Grundgegebenheit, sich selbst nicht zu genügen, nicht alleingelassen. Die Offenbarung des Korans fungiert als eine Erinnerung an Gott, als Rechtleitung zum Guten und Gerechten, als »frohe Botschaft«[35], sodass der Mensch keine – wie Paulus es formuliert – »neue Schöpfung«[36] benötigt, um den Zustand des Heils zu erreichen. »Und Friede«, heißt es im Koran, »über den, der folgt der Rechtleitung!«[37]

Menschen tragen das Heil in sich, aber um aus diesem Heil heraus zu leben, in Frieden mit Gott, in Berührung mit ihrer eigenen Wahrheit, bedürfen sie wiederum Gott. Dieser zeigt sich im Koran in seiner Zugewandtheit gegenüber den Menschen, in seiner friedensstiftenden und heilenden Liebe. So spricht Gott im Koran: »Er liebt sie, und sie lieben Ihn.«[38] Das ermöglicht es dem Menschen, mit Gott in Frieden zu kommen. Hier wird er zu einem Du Gottes, der um seine Sorgen, seine Schwächen und Unzulänglichkeiten weiß – und sie liebend trägt. Rumi sagt: »Nicht nur die Durstigen suchen das Wasser – auch das Wasser sucht die Durstigen.«[39]

Der Ort, an dem die Urversöhnung zwischen Gott und Mensch offenbar wird, ist der Mensch selbst, also kein Symbol, kein Stellvertreter, keine Heiligkeit, sondern der verletzliche und schwache Mensch.[40] Wenn Pater Anselm davon spricht, dass »es keine Dunkelheit gibt, die nicht vom Licht Gottes erleuchtet wird«, dann ist dies genau so auch aus der Sicht der islamischen Traditionen einsehbar. Gott verwandelt alles Finstere in Licht, weil er selbst »das Licht vom Himmel und der Erde ist«[41], der sagt: »Er ist es, der euch segnet, und Seine Engel, damit Er euch herausführt aus den Finsternissen ins Licht«.[42] Der äußerliche Unterschied dabei besteht darin, dass im Christentum diese Einsicht auf dem Hintergrund von Jesu Leben und Sterben betrachtet wird, während im Islam der Koran als Erinnerung dieser Einsicht dient. Frieden mit Gott scheint somit nicht als das Ergebnis menschlicher, gläubiger Lebensführung auf, sondern als ein Weg, auf dem der Mensch nach Frieden mit Gott dürstet. »Ich bin ein Wanderer«, schreibt der mystische Dichter Hafiz, »unterwegs zum Haus der Liebe.«[43]

Im Koran ist ein Gebet von Abraham übermittelt, in dem es heißt: »Unser Herr, auf Dich vertrauen wir, Dir kehren wir uns zu, und zu Dir führt die Heimkehr!«[44] Diese Heimkehr wird genauer als »schönste Heimkehr« beschrieben, worin die Quelle allen Friedens ruht. Im Koran wird der paradiesische Zustand also so beschrieben, dass die Menschen im absoluten Einklang mit sich selbst sind, »kein Gerede« zu hören sein wird und »keine Versündigung, sondern die Rede ist nur: ›Friede! Friede!‹«.[45]

Nach der Nähe Gottes zu trachten, bedeutet Ferne vom Unfrieden, denn – wie es Pater Anselm formuliert: »Gott ist in sich Friede«. Mehr noch: Friede ist ein Name Gottes[46], vielleicht der höchste Name oder zumindest jener, der die höchste Hoffnung des Menschen in sich vereint. So wird das erste Wort, das die Menschen an ihren Schöpfer richten, wenn »sie Ihn treffen, [...] ›Friede!‹ [sein]«.[47]

Seinen Frieden mit Gott zu suchen heißt, sich für eine Gabe zu öffnen, die alles in mir zur Versöhnung führt, jeden Widerspruch, jede Unstimmigkeit und jeden Selbstzweifel. Der Prophet Muhammad hat uns ans Herz gelegt: »Wer alle seine Sorgen zu einer einzigen macht, dem nimmt Gott die Sorgen um die Welt ab.«[48] Vor Gott stehen wir ohne Masken und Verkleidungen, ohne Gehabe und Verstellung, sodass die Einsicht in seine Gegenwart uns entlastet und Gelassenheit stiftet, wir selbst zu sein und uns angenommen zu wissen.

Gerade die spirituelle Tradition im Islam hat vielfach den Gedanken hervorgehoben, sich von seinem eigenen Ego, seiner

Triebseele (*nafs*) zu lösen beziehungsweise sie zu kultivieren, was – wie auch Pater Anselm in seiner Weise erläutert – ein Akt der Freiheit und des Friedens darstellt. Denn verhaftet zu sein in seinem Eigenwillen, getrieben von Kräften, denen wir unterworfen sind, macht eben unfrei. Seinen Willen vor Gott zurückzunehmen, entlässt mich im Willen Gottes, der mich überschreitet und somit verwandelt. Frieden mit Gott entsteht in dieser Haltung, dass nicht mein Wille geschehen, sondern sich mein Wille wandeln soll – im Vertrauen auf Gott, der mir näher ist als ich mir selbst.

Diese Hingabe kann leicht missverstanden werden als Unterwerfung und Versklavung, aber intendiert ist gerade das Gegenteil. Ich soll mich keinem anderen unterordnen, ich soll nicht meine Freiheit einschränken, meinen Willen töten. Gott ist kein anderer und nicht vergleichbar mit dem anderen. Die Hingabe, die Frieden verspricht, ist selbst ein Akt des Friedens – gegen die innere und äußere Zerrissenheit. Es geht daher um eine Selbstentgrenzung, eine grenzenlose Öffnung – für den Ruf Gottes.

Meine tiefe Assoziation mit dem Frieden in meiner Kindheit in Kabul war die Stille, die sich vor allem dann einstellte, wenn der Gebetsruf über die Dächer und in den dunklen Gassen der Stadt zu hören war. Plötzlich atmete ich ruhiger, intensiver und konnte einen Frieden hören, einen Frieden spüren, der nicht zu fassen und mir doch sehr nahe war. Dieser Frieden war nicht äußerlich, kein vergänglicher Zustand, keine Begebenheit. Dieser Frieden erreichte meine innere Landschaft, meinen bleibenden Grund. Frieden schien Klang und Melodie zu sein, rhythmisch und rezitativ.

Wonach wird aber im Gebet gerufen? Wessen stille Anwesenheit vergegenwärtigt? Wer sind wir, die wir uns öffnen für diesen Ruf? Es ging um die Vergegenwärtigung Gottes. In welchem

Sinn stiftet die Vergegenwärtigung Gottes jedoch Frieden? Was sich im Gedenken Gottes artikuliert, wird als eine existenzielle Fülle begriffen: »Die, die glauben und deren Herzen im Gedenken Gottes ruhen – ja, im Gedenken Gottes ruhen die Herzen«[49], heißt es im Koran, was Augustinus am Anfang seiner *Confessiones* mit den schönen Worten ausdrückt: »Unruhig ist unser Herz, bis es ruhet in Dir, o Herr.« Hier wird Gott vergegenwärtigt als eine unendliche Gabe, als reine Friedensstiftung. »Kein Ritualgebet ist gültig«, so der Prophet Muhammad, »wenn das Herz nicht anwesend ist.« Gestillt sind die Herzen der Muslime im Gedenken Gottes. Doch er ist kein weltliches Gegenüber, kein weiterer Partner, mit dem wir unser Leben in einem neuen Aushandlungsprozess entwickeln. Der Ruf, der mich erreichte, hat mich nie mehr verlassen. Er erklingt immer noch und immerfort in mir. Gott schenkt inneren Frieden, Gleichgewicht, Ruhe, Geduld, weil mit Gott alles unterbrochen wird. Sein Name, seine Gegenwart verwandelt das Gewöhnliche zum Ungewöhnlichen. Unterbrochen war mir die Angst, das ständige Zittern und die Furcht vor all den Gefahren, die der alltägliche Krieg dort mit sich brachte.

Frieden bleibt Sehnsucht. Die Sehnsucht nach Gott beschreibt die Reise des Menschen in sein Inneres, in sein Herz. In ihm zu leben, heißt Muslim zu sein, einer, der sich für den Frieden erhebt, einer, der brennt, wenn die Synagogen brennen, einer, der verfolgt ist, wenn Christen verfolgt werden. Frieden ist das Ziel des Islams – auf dem Weg der Gerechtigkeit und Barmherzigkeit – als höchste Äußerung des Menschen.

4

Frieden im Fremden

Sich öffnen für das Geheimnis
des Fremden

AHMAD MILAD KARIMI

Als Kind in Kabul kannte ich keinen Frieden, jedenfalls nicht als Zustand, sondern nur als flüchtigen Augenblick. Meine Kindheit war bestimmt durch den Krieg. Dieser hatte viele Namen, viele Gesichter. Aber jeder Name, jedes Gesicht hat sich tief ins Herz der Menschen eingeschrieben, ohne dabei sein wahres Gesicht zu zeigen, weil er womöglich gesichtslos war. Frieden hingegen war immer nur die Zeit dazwischen: die Zeit zwischen all den unheimlichen Klängen, die der Krieg erzeugt, wenn der Lärm der Raketen, der Explosionen der Bomben oder der schreienden Kinder einmal nicht zu hören war. Dieser Stille dazwischen konnte man aber niemals trauen, weil sie trügerisch war, weil sie etwas versprach, was sie nicht halten konnte. Die eigentliche Unruhe, die Furcht vor mehr Krieg, mehr Zerstörung, schlichen sich gerade in diesen stillen Momenten ein. Warum konnte nichts und niemand die bleibende Angst, das ständige Zittern und die Furcht vor all den Gefahren, die der alltäglich gewordene Krieg mit sich brachte, unterbrechen?

Zur Natur des Krieges scheint der Habitus zu gehören, dass er permanent wirkt, keine Atempause kennt; vielmehr jede mögliche Atempause im Kern untergräbt, das heißt auch dann nicht vorüber ist, wenn er für beendet erklärt wird. Kriegskinder können den Krieg nicht einfach hinter sich lassen, weil er jenseits der Traumata, die er hervorbringt, als eine das Leben verneinende Geste in den Biografien Eingang gefunden hat, um zu bleiben. Somit dringt der Krieg ins Innere der Menschen ein, zerstört ihre innere Landschaft, sodass am Wegrand Hoffnung, Vertrauen, Zuversicht zerrinnen.

Die Lebensbedrohung wurde immer größer. Unfrieden mit dem Ort meiner Geburt, mit dem Ort meiner ursprünglichen und natürlichen Heimat hat sich früh in mir eingestellt. Ich hoffte auf einen Frieden im Fremden, im Unbekannten. Wie konnte ich aber überhaupt auf einen solchen Frieden im Fremden hoffen, wenn der Frieden im Eigenen bereits gestört und zerstört war? Doch zwischen dem Unfrieden und dem erhofften Frieden lag die Flucht, die alles verändert hat. Doch niemals flüchten wir ganz.

Heute sind über 90 Millionen Menschen auf der Flucht, jede davon ist einzigartig, jede Flucht ist anders. Unsere Bindung an Orte hat sich überhaupt unter Bedingungen der Moderne und Postmoderne verändert. Wir sind überall und zugleich nirgendwo zu Hause. Politisch ist die Frage nach dem Eigenen, der »wahren« Heimat, die Frage der territorialen Besitzansprüche und des moralischen Anrechts auf Orte, auf die Herkunft virulenter denn je. Zu gleicher Zeit wachsen Orte, wächst die Welt zusammen, indem Trennungslinien und Grenzen durch die rasante Globalisierung immer mehr an Bedeutung verlieren. Erzwungene oder selbstgewählte Bindungslosigkeit an Orte, die ihren Eigenwert zu verlieren scheinen, wenn wir ihnen nicht gerade touristisch-museal auf ihrer Oberfläche begegnen, kann existenziellen Orientierungsverlust, das Gefühl von Deplatzierung, letztlich Unfrieden bewirken, weil wir nicht mehr wissen, wo wir genau hingehören. Die Frage ist, inwiefern hier ein religiös-spiritueller Kompass friedensstiftend wirken kann.

Das biblische Wort »Wir haben hier keine bleibende Stadt, sondern die zukünftige suchen wir«[50] erinnert daran, dass die abrahamitischen Religionen unter anderem auch diese doppelte Erfahrung verbindet, dass wir erstens überall Frieden finden können, wenn wir in und aus der Hingabe an Gott als Heimat aller Dinge leben[51], und zweitens zugleich als vergängliches Wesen Zeit unseres Lebens exilieren. Der Prophet Muhammad musste aus seinem Geburtsort fliehen, weil er und seine Gefährten in Gefahr waren, weil ihr Leben bedroht war. Der Prophet vollzieht diese Flucht, die *hiğra* ins Fremde. Damit entbindet er sich nicht nur von seiner Stadt, seiner Heimat, sondern er befreit und entfesselt sich auch von allen Bedingungen und Ordnungen, die dort herrschten. Er will explizit die Stammesordnung und ihre ungerechten und ungleich machenden Strukturen hinter sich lassen. Seine Flucht, die für ihn zunächst eine Grenzerfahrung darstellt, verwandelt er in eine positive Erfahrung der Freiheit. Er öffnet sich als ein Suchender für das Neue, Künftige, für die neue Stadt, für Yathrib, die heute als Stadt des Propheten gilt (*Madīnat an-nabī*).

Die spirituelle Einsicht dahinter ist, dass die Gottsuchenden Fremdheit an sich selbst praktizieren. Der Mystiker Rumi schreibt:

Komm heraus aus dem Herzen der Flamme,
werde eine Motte!
Werde dir selbst fremd, ruiniere dein eigenes Zuhause!
Und dann komm mit den Liebenden, lebe, lebe![52]

Auch in der neuen Stadt (Medina) findet der Prophet nicht seine wahre Heimat. Auch dort weilt er wie ein Reisender. Rumi schrieb einmal: »Wie sollte die Seele nicht fliegen, wenn aus seiner Nähe es singt und lieblich der Spruch seiner Gnade: ›Erhebe dich!‹ vor ihr klingt? Wie sollte der Fisch sich nicht stürzen vom Trocknen ins leuchtende Meer, wenn lockend die Stimme der Welle zu ihm aus dem Ozean dringt? Wie sollte der

Falke zum Sultan nicht eilen geschwind von der Jagd, sobald ihm die Trommel des Herrschers den Ruf bringt: ›Kehr zurück zu mir!‹?«[53] Die »zukünftige Stadt«, die eine Sehnsucht bleibt, prägt seine Haltung zum Ort.

Exilerfahrung gehört zum Menschsein. Die letzte Zuflucht bleibt der begreifliche Gott. Diese Erfahrung stiftet Gelassenheit und lässt einsehen, dass eine nationale, eine ethnische Identifikation zum Scheitern verurteilt ist. Orte können Menschen nicht entfremden; keine Mauer, kein Stacheldrahtzaun kann die Sehnsucht nach Bindung und Gemeinschaft, die Hoffnung, dass hinter jeder Vereinzelung ein Wir liegt, verbergen und verleugnen.

Diese Einsicht, dass wir Reisende, dass wir selbst Flüchtende sind, ist im suchenden Glauben selbst verankert. Spirituelle Lebenskunst ermöglicht, den Orten der Welt achtsam zu begegnen, ihren Eigenwert zu entdecken, sodass ihre Fremdheit als etwas Staunenswertes begriffen werden kann. Fremd ist das, was wir bestaunen, was wir nicht beherrschen und zerstören, sondern erkunden wollen. Daher sagt der muslimische Mystiker und Dichter Bīdel: »Wie sehr ich mich von meiner Heimat entfernt habe, bin ich nicht ins Fremde gefallen.«[54] Dieser Glaube, der aus dem Herzen atmet, kennt keine Fremdheit, sondern beherbergt den unbändigen Willen, Unfrieden in Frieden zu verwandeln. »Wir haben hier keine bleibende Stadt«, weil die Suche kein Ende hat, weil die Haltung zum Hier nicht erstarrt ist und sich in Eigentum und Besitz übersetzen lässt. Orte können wir mit Sinnen wahrnehmen, aber wir verfügen nicht über sie. Vielmehr sind uns die Orte anvertraut, damit wir im Einklang ihrer Eigenwertigkeit ihren Frieden wahren.

Im Koran wird dem Menschen aufgetragen, als »Statthalter Gottes«[55] auf Erden zu fungieren. Damit ist nicht gemeint, dass er über der Erde stehen soll, sondern in ihrem Dienst, indem er sich selbst erdet, sich in Demut übt. Wir Menschen tragen die schöne Verantwortung, uns für den Frieden einzusetzen, was sowohl die würdige Bewahrung der Schöpfung einschließt wie auch den Schutz des Lebens und dazu ermutigt, insbesondere den gewaltfreien[56] Frieden zu kultivieren. Lapidar formuliert: Der Frieden fällt nicht vom Himmel, er wird einem auch nicht geschenkt oder kann erworben werden. Wir haben für den Frieden Sorge zu tragen, das bedeutet, diesen in seiner Unbedingtheit zu begreifen und für ihn einzustehen. Dafür muss die Fremdheit der Orte letztlich bewahrt bleiben, das heißt ihr Geheimnis, indem wir in Dankbarkeit lernen, würdig mit und in ihnen zu leben.

Im Koran wird sehr bewegend davon erzählt, wie Gott den Engeln mitteilt, dass er den Menschen diese Verantwortung anvertraut. Die Engel staunen darüber und sagen: »Willst Du auf ihr einsetzen einen, der auf ihr stiftet Unheil und Blut vergießt? Da doch wir Dein Lob preisen und Dich heiligen!« Doch der Ewige entgegnet: »Ich weiß sehr wohl, was ihr nicht wisst.«[57] Hier erfahren wir, welche verantwortungsvolle Bedeutung dem Menschen zugesprochen wird und welch liebendes Angenommensein ihm zuteilwird. Und wir erkennen, dass Menschsein auf dem ewigen Vertrauen Gottes basiert. Frieden zu stiften und Frieden zu halten in Verantwortung für die Gerechtigkeit verleiht dem Menschen keine Sonderstellung, aber sehr wohl eine auf Vertrauen und Vernunft basierende Haltung, das Leben nach diesen Prinzipien zu vollziehen, die darin besteht, sich erstens im Frieden zu üben und zweitens sich für jede Fremdheit zu öffnen.

Wenn ich heute meine Augen schließe und an Kabul denke, kommt mir nur ein Bild ins Gedächtnis: Ich sitze in einer kleinen Moschee inmitten der Stadt und rezitiere aus dem Koran. Der Krieg, die drohenden Raketen scheinen nicht real zu sein. Es ist mir, als gäbe es kein Außen, keine Gefahr, kein Zittern. Die geschlossenen Augen sehen, was nicht sichtbar ist: Sie sehen den Morgen, den ich heute gestalte. Daher stellt die Moschee als Ort der Vergegenwärtigung Gottes, als Ort der Demut und menschlicher Bindung zugleich einen spirituellen Ort des Friedens und der Achtsamkeit dar. Jede Moschee ist aber auch mehr als das, was sie ist, denn sie repräsentiert zugleich die Erde selbst, die wir Muslime im Gebet mit der Stirn berühren. Die Erde ist heiliger Boden, ein spiritueller Ort, weil an jedem Ort Gott anwesend ist.

In diesem Sinn sagte der Prophet Muhammad »Die Erde ist eine Moschee«[58] als Inbegriff des Friedens, als Ort der Besinnung für den Frieden, weil die Moschee als Stätte des Gebets an den Frieden mit Gott erinnert. Überhaupt scheint Gott die Leer- und Lehrstelle im Leben zu sein, die das Gewohnte, die Verstrickungen des Lebens mit der Umgebung, aber auch das Streben nach mehr und immer mehr, das bleibende und nicht zu stillende Begehren nach Konsum unterbricht. Das meint: Die Haltung, zu leben, als wäre das Leben endlos, wird hier unterbrochen. Religion ist eine Atempause. Der Prophet hat in Medina, wo er auch begraben ist, keinen Palast, keinen Schatz, kein Denkmal hinterlassen, sondern allein eine offene und weite Moschee, die das Geheimnis der Fremdheit wachhält und zugleich zu allem durchdringen lässt – einen Ort des Betens, einen Ort der Selbstüberschreitung.

Als Kind habe ich in Kabul keinen Frieden gesehen, sondern nur Krieg, aber inmitten der Hoffnungslosigkeit und Verzweiflung, der Gewalt und Zerstörung war die Sehnsucht nach Frieden nicht vergangen. Allein der Gedanke daran war und ist immer noch eine Zumutung und ein Wagnis. Leben als Wagnis für den Frieden heißt für einen Gott zu leben, dessen Allgegenwart in allen Dingen eingeschrieben ist, um überall Frieden finden zu können.

Fremde zu Freunden machen

ANSELM GRÜN

Der Frieden mit den Fremden ist gerade in unserer Zeit, in der Migration in beinahe allen Gegenden der Welt eine bestimmende Rolle spielt, entscheidend für die Zukunft unserer Gesellschaft. In der Antike war das Thema des Fremden und der Reaktion auf den Fremden in allen Gesellschaften relevant, die offen waren für Menschen aus anderen Ländern und Gegenden. König Salomo lud fremde Handwerker ein, um den Tempel zu bauen. Er brauchte also Menschen, die nicht zu seinem Volk gehörten. Das Volk Israel war grundsätzlich offen für Fremde, denn es hatte sich in Ägypten selbst als Fremder gefühlt. So heißt es im Buch Deuteronomium: »Euer Gott liebt die Fremden und gibt ihnen Nahrung und Kleidung – auch ihr sollt die Fremden lieben, denn ihr seid Fremde in Ägypten gewesen« (Dtn 10,18).

Die Christen haben dieses jüdische Verständnis übernommen. Sie fühlten sich selbst als »Fremde und Gäste auf Erden« (Hebr 11,13). Der Hebräerbrief bezieht sich dabei auf Abraham. Von ihm wird hier gesagt: »Aufgrund des Glaubens hielt er sich als Fremder im verheißenen Land auf und wohnte mit Isaak und Jakob, den Miterben derselben Verheißung, in Zelten« (Hebr 11,9). Die frühen Christen fühlten sich in dieser Welt nicht zu Hause, sondern als Fremdlinge. Im Gegensatz zu Menschen, die nur Irdisches im Sinn haben, sagt Paulus von den Christen: »Unsere Heimat aber ist im Himmel. Von dorther erwarten wir auch Jesus Christus, den Herrn, als Retter, der unseren armseligen Leib verwandeln wird in die Gestalt seines verherrlichten

Leibes« (Phil 3,20f). Wir sind hier nur auf der Durchreise. Unsere wahre Heimat ist im Himmel. Von dem Wissen her, dass wir auf dieser Erde Fremde sind, sollen wir auch offen sein für die Fremden, die aus fernen Ländern zu uns kommen, und uns mit ihnen solidarisch fühlen. Ahmad Milad Karimi schreibt, dass es im Islam beziehungsweise dem Leben des Propheten ähnliche Erfahrungen gab. Er musste aus seinem Geburtsort fliehen und »vollzieht diese Flucht, die *hiğra* ins Fremde«. Wenn wir uns als Fremde in dieser Welt verstehen, haben wir es nicht nötig, den Ort, an dem wir als Fremdlinge wohnen, gegenüber anderen zu verteidigen. Dann sind die Fremden keine Feinde, sondern Freunde, die wir gastfreundlich aufnehmen, um gemeinsam als Fremde in dieser Welt zu leben.

Es gibt aber nicht nur die Fremden, die aus anderen Kulturen zu uns kommen, sondern auch die, die uns fremd sind, weil sie einer anderen Religion angehören. Sogar innerhalb der Religionen erleben wir das Fremdsein. In jeder gibt es Liberale und Konservative, Gläubige, die offen sind für Menschen, die anders denken und glauben als sie. Und es gibt Gläubige, die fundamentalistisch auf ihrer alleingültigen Sichtweise beharren. Als die Jünger Jesu sich aufregten, dass auch andere Menschen Dämonen austreiben, ohne sich ihnen anzuschließen, antwortet ihnen Jesus: »Wer nicht gegen euch ist, der ist für euch« (Lk 9,50). Aus Jesu Worten spricht Offenheit für alle Menschen, die guten Willens sind. Sie dürfen uns fremd bleiben, doch wir sollen sie so, wie sie sind, respektieren.

Es gab aber auch bei den frühen Christen die Angst vor den Fremden. Der Fremde war schon in der Antike immer ein Bild für den Geheimnisvollen, den man nicht verstand. Das griechische Wort *xenos* kann sowohl »Feind« als auch »Freund« heißen. Damit das »Gefährliche« am anderen sich auflöste, nahm man den Fremden als Gast auf. Dann entstanden eine neue Beziehung, Vertrauen und ein friedvolles Miteinander.

Im Jahre 2000 hat der jüdische Psychoanalytiker Arno Gruen ein preisgekröntes Buch geschrieben:»Der Fremde in uns«. Aus seiner therapeutischen Praxis heraus hat er erkannt, dass die Angst vor dem Fremden immer die Angst vor dem Fremden in uns selbst ist. Der Fremde ist ein Spiegel, in dem wir das, was uns selbst fremd in und an uns ist, was wir an uns nicht wahrhaben wollen, erblicken. Wir können die Angst vor Fremden daher nicht mit moralischen Appellen überwinden, sondern nur, wenn wir uns dem Fremden in uns selbst stellen.

Für Arno Gruen hängt das Problem damit zusammen, dass man als Kind den Schmerz über die Frustrationen des Lebens nicht aushalten konnte und ihn dann an andere weitergab, an die Fremden, die man in seiner Umgebung antraf. Daher stellt Arno Gruen die Frage:»Wie kann man Schmerz ertragen? Wie lässt sich die Sehnsucht nach Liebe am Leben erhalten, sodass der Hass gegen das Leben nicht zum Inhalt des Lebens selbst wird?«[59] Für ihn ist daher die Sehnsucht nach Zärtlichkeit ein wichtiger Weg, um sich von den verletzenden Erfahrungen der Kindheit zu befreien. Gruen hat die Hoffnung, dass in jedem Menschen, auch in dem, der den Schmerz verdrängen musste, ein Funke von Empathie übriggeblieben ist. Er vertraut darauf, »dass jeder, der auch nur einmal den Kern einer empathischen Zuwendung durch die Mutter (sogar als Embryo) erfahren hat, zu seinem mitfühlenden Selbst und daher zum Schmerz zurückfinden kann«.[60] Seiner Ansicht nach spielt die Sehnsucht nach Zuwendung »eine wichtige Rolle bei der Entwicklung und Bewahrung unserer Menschlichkeit. Solange wir noch Sehnsucht nach Liebe und Zuwendung spüren, ist nicht alles verloren.«[61]

In seinen Augen haben die Dichter die Aufgabe, in uns die Sehnsucht nach Liebe und Zuwendung aufrechtzuerhalten. Gedichte eröffnen uns »den Zugang zu einer inneren Welt«, den Zugang zu unserer Sehnsucht, die auf dem Grund unserer Seele in uns ist. Gedichte und Romane, aber auch Lieder und Instrumentalmusik bringen uns in Berührung mit der Sehnsucht nach Liebe, die in uns allen schlummert. Wenn wir Arien aus den Opern Mozarts hören, dann wecken sie in uns diese Sehnsucht nach Liebe. Daher ist für Gruen die Kultur, ganz gleich ob Musik, Theater, Architektur, Malerei oder Bildhauerei, eine wichtige Quelle, um mit dieser Sehnsucht in Berührung zu kommen. Je mehr wir das tun, desto stärker wird sich in uns Empathie ausbreiten und desto fähiger werden wir, auch Schmerz wahrzunehmen und auszuhalten. Beides aber – Empathie und die Bereitschaft, sich den Schmerzen zu stellen – sind für ihn Voraussetzungen, dass wir auch mit dem Fremden und den Fremden liebevoll und empathisch umgehen. Gruen stellt fest, dass viele Menschen Angst vor wirklicher Nähe haben. Sie wollen den anderen lieber erobern, als ihm nahe zu sein. Doch nur, wer die Nähe zulässt, vermag dem anderen in echter Liebe zu begegnen. Diese Bereitschaft zur Nähe »birgt in sich die Möglichkeit, sich wieder für den Schmerz zu öffnen. So bleiben wir in unserem Menschsein verankert und müssen den Schmerz nicht in anderen suchen und diese foltern und bestrafen.«[62]

Jesus selbst identifiziert sich mit dem Fremden, wenn er in der sogenannten Gerichtsrede des Matthäusevangeliums sagt: »Ich war fremd und obdachlos, und ihr habt mich aufgenommen« (Mt 25,35). Durch diese Identifizierung mit dem Fremden vermittelt er uns, dass wir den Fremden nicht nur als Spiegel sehen sollen, um das Fremde in uns selbst anzuschauen. Vielmehr begegnen wir im Fremden Christus selbst. Da leuchtet uns Gottes

Antlitz auf. Das Geheimnisvolle des Fremden verweist uns auf das Geheimnis Gottes.

Eine Möglichkeit, mit dem Fremden in Frieden zu kommen, ist für Jesus der Weg der Feindesliebe. In der Bergpredigt fordert er: »Liebt eure Feinde und betet für die, die euch verfolgen, damit ihr Söhne eures Vaters im Himmel werdet; denn er lässt seine Sonne aufgehen über Bösen und Guten, und er lässt regnen über Gerechte und Ungerechte« (Mt 5,44). Manche meinen, die Feindesliebe würde uns als Menschen überfordern. Aber für die Feindesliebe gilt der gleiche Grundsatz wie für den Frieden mit dem Fremden. Denn das meint nicht, dass wir uns alles gefallen lassen und uns nicht gegen feindseliges Verhalten schützen. Vielmehr bedeutet Feindesliebe, dass ich den anderen nicht als Feind sehe, sondern als einen Menschen, der mit sich selbst in Feindschaft lebt. Diese entsteht häufig dadurch, dass der andere das, was er an sich selbst nicht annehmen kann, auf mich projiziert und in mir bekämpft. Meine normale Reaktion wäre dann, den anderen zu bekämpfen, weil ich mich ungerecht von ihm behandelt fühle. Feindesliebe dagegen bedeutet, die Projektion zu erkennen und den anderen als einen zu sehen, der sich letztlich danach sehnt, mit sich selbst in Einklang zu kommen. Wenn ich ihn als einen betrachte, der sich nach Angenommensein sehnt, werde ich ihn nicht als Feind behandeln. Jesus vergleicht die Feindesliebe mit dem Verhalten Gottes, der seine Sonne über Böse und Gute scheinen lässt. So sollen wir die Wärme unseres Herzens auch zu unserem Feind strömen lassen, in der Hoffnung, dass die Liebe, die von unserem Herzen ausgeht, all das Erstarrte in ihm aufbricht und ihn wieder dazu befähigt, Mensch unter Menschen zu werden.

Der Evangelist Lukas interpretiert die Feindesliebe etwas anders als Matthäus. Matthäus vergleicht, wie schon gesagt, die Feindesliebe mit dem Verhalten Gottes. Lukas deutet sie dagegen vom Menschen her, die sich in drei Verhaltensweisen des Menschen ausdrückt:»Liebt eure Feinde; tut denen Gutes, die euch hassen. Segnet die, die euch verfluchen; betet für die, die euch misshandeln« (Lk 6,27f). Indem wir dem, der uns hasst, etwas Gutes tun, erwidern wir seinen Hass nicht, sondern ermöglichen ihm, diesen zu überdenken und ihn eventuell loszulassen. Wir lassen uns vom Hass des anderen nicht unser Verhalten diktieren, sondern handeln aus uns selbst heraus, aus der Quelle unserer Liebe.

Ein zweiter Weg ist das Segnen. Bei einem Kurs lud ich die Teilnehmer ein, ihre Hände zum Segen zu erheben und sich vorzustellen, dass Gottes Segen durch ihre Hände zu dem Menschen strömt, der sie verletzt hat. Eine Frau sagte mir daraufhin, das könne sie nicht, weil der Mann, um den es dabei ging, ihr zu tiefe Wunden zugefügt habe. Als sie es dann doch versuchte, machte sie eine gute Erfahrung. Sie meinte, der Segen sei wie ein Schutzschild gewesen, der sie vor der Verletzung des anderen geschützt habe. So sei es ihr möglich gewesen, aus der Opferrolle auszusteigen. Denn wenn wir in dieser Rolle bleiben, werden wir immer schwächer. Wenn wir den anderen gesegnet haben, werden wir ihm anders begegnen. Und manchmal wird unsere verwandelte Einstellung auch die Begegnung mit dem andern verwandeln. Wir erleben ihn nicht mehr als unseren Feind. Segnen bedeutet nicht, dass ich meine eigenen Wünsche durchsetze, sondern im Segnen wünsche ich dem anderen, dass er mit sich selbst in Einklang kommt. Dann wird sich auch sein Verhalten verändern.

Die dritte Verhaltensweise, zu der uns Lukas rät, ist das Beten für den, der uns misshandelt oder schmäht, wie man das griechische Wort auch übersetzen kann. Solange ich für den anderen bete, reagiere ich aktiv auf ihn. Ich gebe ihm keine Macht über mich. Im Beten hoffe ich für den anderen, dass er sich wandelt, dass er mit dem guten Kern in sich in Berührung kommt. Diese Haltung verwandelt meine Sicht auf den anderen. Im Beten komme ich in Berührung mit seiner Sehnsucht, mit sich selbst, mit mir und allen Menschen in Frieden zu leben.

Die Schlussfolgerung, die Lukas aus Jesu Gedanken zur Feindesliebe zieht, lautet: »Seid barmherzig, wie es auch euer Vater ist!« (Lk 6,36). Im Griechischen steht hier eigentlich: Werdet barmherzig! Wir sollen uns der Barmherzigkeit Gottes angleichen, denn er ist es schon. Wir sollen es erst noch werden. Das griechische Wort, das Lukas hier verwendet, ist *oiktirmon*. Es bedeutet: mitfühlend sein. Mitfühlen mit den Menschen, mit den Tieren und Pflanzen, mitfühlen mit der ganzen Natur, das ist eine Haltung, die auch im Buddhismus von großer Bedeutung ist. Wenn wir mit den Menschen fühlen, dann werden die Fremden zu Freunden, dann entsteht keine Feindschaft. Das Mitfühlen verbindet uns miteinander und schafft so untereinander Frieden.

5

Frieden mit der Natur

_____

Nicht Herrschaft,
sondern Gemeinschaft

ANSELM GRÜN

Der Klimawandel zeigt uns in aller Härte, dass die Menschen nicht im Frieden mit der Natur leben. Grund dafür war meist das kapitalistische Denken und Streben im Umgang mit den Ressourcen der Erde, was häufig zu schamloser Ausbeutung führte. Doch auch das Wirtschaften der kommunistischen Regime führte nicht zu einem achtsamen Umgang mit der Natur. In beiden Fällen betrachtete und betrachtet man sie noch immer nur als eine Quelle für Rohstoffe, die der eigenen Gewinnmaximierung dienen. Die Natur stand den jeweiligen Wirtschaftssystemen als Feind gegenüber, den es zu besiegen galt. Heute erkennen viele, dass das ein falscher Ansatz ist. Wenn wir die Natur als Feind betrachten, schlägt sie sozusagen zurück. Denn der Raubbau an ihr führt zu Entwicklungen, die wir ab einem bestimmten Punkt nicht mehr kontrollieren können, so wie beispielsweise die Klimaerwärmung. Daraus folgen für uns Menschen Hitzeperioden und Dürren, Überschwemmungen und Tornados in nie gekannten Ausmaßen.

Die Christen haben das Wort aus dem ersten Schöpfungsbericht oft im Sinn von Beherrschung ausgelegt: »Bevölkert die Erde, unterwerft sie euch, und herrscht über die Fische des Meeres, über die Vögel des Himmels und über alle Tiere, die sich auf dem Land regen« (Gen 1,28). Doch schon die Übersetzung dieser Stelle ist falsch. Denn im Hebräischen steht nichts von »unterwerft sie euch«. Der Alttestamentler Erich Zenger meint dazu, dass das hebräische Wort für »unterwerfen« eigentlich »betreten« meint. Er deutet das Zitat daher so: »Die Menschen werden von Gott ermächtigt, ›das Haus‹ zu betreten, es in Besitz zu nehmen, es zu schützen und zu verteidigen: das Haus des Lebens gegenüber allen Mächten des Chaos – und zwar zum Wohl *aller* Lebewesen, für die die Erde als Lebensraum bestimmt ist.«[63] Das hebräische Wort, das hier mit »herrschen« übersetzt ist, bedeutet: lenken und leiten, Verantwortung übernehmen. Erich Zenger deutet dies so, dass der Mensch Verantwortung für das Lebenshaus übernehmen soll, »insofern die Menschen sorgende und verfügende, schützende und ordnende Repräsentanten des Schöpfergottes selbst sein sollen. Als solche sollen sie königliche Hirten der Lebewesen sein.«[64]

Die Bibel kennt zwei Schöpfungserzählungen. In der zweiten heißt es: »Gott, der Herr, nahm also den Menschen und setzte ihn in den Garten von Eden, damit er ihn bebaue und hüte« (Gen 2,15). Beide Verse, der des ersten und der des zweiten Schöpfungsberichts, gehören zusammen und legen sich gegenseitig aus. Den ersten Vers darf man nicht als Aufruf zur Ausbeutung verstehen. Vielmehr soll der Mensch die Erde gestalten. Er soll gleichsam das Schöpfungswerk Gottes fortsetzen. Der zweite Vers legt den Akzent auf die Aufgabe des Menschen, die Erde zu hegen und zu pflegen, also achtsam und behutsam mit ihr umzugehen.

Gott vollendet seine Schöpfung am siebten Tag. Ein jüdischer Midrasch fragt: »Was wurde am siebten Tag erschaffen? Gelassenheit, Heiterkeit, Frieden und Ruhe.«[65] Gott hat also die Welt erschaffen, dass der Mensch und das Tier sie in Ruhe genießen können. Gott hat sechs Tage für die Schöpfung gearbeitet. Das ist auch ein Bild, das uns Menschen als Vorbild für unser Leben dienen soll: Wir sollen die Natur hegen und pflegen und sie so bearbeiten, dass sie nicht den Chaosmächten ausgeliefert wird. Aber wir sollen am siebten Tag ausruhen und auch die Natur, die Tiere und Pflanzen ruhen lassen. Erich Zenger beschreibt das so:»Das ist der Sinn des siebten Tages: Hineintauchen in das Geschenk des Festes, der Gelassenheit und der Gemeinschaft (untereinander und vor allem mit Gott).«[66] Viele Menschen nutzen den Sonntag nicht als Tag des Ruhens und des inneren Friedens. Sie lassen die Natur auch an diesem Tag nicht in Frieden, sondern wollen sie für sich nutzen und konsumieren.

Die innere Verbindung zwischen Menschen und Natur, Menschen und Tieren kommt im Buch Jona zum Ausdruck. Gott tadelt den Propheten Jona, weil er sich darüber aufregt, dass der Rizinusstrauch von einem Wurm angenagt wurde und ihm daher keinen Sonnenschutz mehr bietet:»Dir ist es leid um den Rizinusstrauch, für den du nicht gearbeitet und den du nicht großgezogen hast [...] Mir aber sollte es nicht leid sein um Ninive, die große Stadt, in der mehr als 12.000 Menschen leben, die nicht einmal rechts und links unterscheiden können – und außerdem so viel Vieh?« (Jona 4,10f). Gott tut es also leid um die Menschen, die sich verirrt haben, aber auch um das Vieh, das gemeinsam mit den Menschen leidet.

Dieser Gedanke, dass die Natur gemeinsam mit dem Menschen leidet, kommt auch in der bekannten Stelle aus dem Römerbrief zum Ausdruck:»Auch die Schöpfung soll von der Sklaverei und Verlorenheit befreit werden zur Freiheit und Herrlichkeit der Kinder Gottes. Denn wir wissen, dass die gesamte Schöpfung bis zum heutigen Tag seufzt und in Geburtswehen liegt« (Röm 8,21f). Die Schöpfung leidet unter der Sünde der Menschen, unter dem Fehlverhalten, das gerade in der Ausbeutung zum Ausdruck kommt. Die Bekehrung der Menschen von der Sklaverei ihrer eigenen Geldgier soll sich auch auf die Schöpfung positiv auswirken. Dann wird sie befreit zu sich selbst, zu ihrer eigenen Herrlichkeit, zu ihrer eigentlichen Gestalt.

Jesus hält uns keine Moralpredigt, dass wir mit der Natur in Frieden leben und gut mit ihr umgehen sollen. Doch in seinen Gleichnissen greift er immer wieder auf die Natur zurück. Von ihr sollen wir lernen – zum Beispiel von den Lilien des Feldes, ohne Angst vor der Zukunft zu leben. Denn Gott, der die Lilien so schön kleidet, wird ganz gewiss für uns Menschen sorgen, dass wir immer die nötige Kleidung finden (vgl. Mt 6,28–30). Vom Senfkorn sollen wir lernen, dass wir, auch wenn wir uns oft noch so klein fühlen, zu einem Baum werden können, an den andere sich anlehnen und in dessen Schatten sie Geborgenheit finden (vgl. Mt 13,31–33). Von der selbstwachsenden Saat können wir das Vertrauen lernen, dass auch unser Leben Frucht bringt. Indem wir von der Natur lernen, gehen wir achtsam mit ihr um. Sie wird zur Lehrmeisterin unseres Lebens. In die Natur hat Gott seine Weisheit hineingelegt, damit wir sie erkennen und ihr folgen.

Einen anderen Zugang zum Frieden mit der Natur erkennen wir in der berühmten Areopagrede des Apostels Paulus, in der Lukas als der Verfasser der Apostelgeschichte sich auf die stoische Philosophie bezieht. Da heißt es: »Gott hat aus dem Einen das ganze Menschengeschlecht erschaffen, damit es die ganze Erde bewohne« (Apg 17,26). Oft wird übersetzt: »aus dem einen Menschen«. Doch Lukas ist nicht am Monogenismus interessiert. Vielmehr bezieht er sich auf die griechische Philosophie und darin den Begriff des *to hen*, des Einen. Parmenides und Heraklit waren überzeugt, dass es neben dem Vielen das Eine geben muss. Das bedeutet aber, dass wir Menschen aus dem gleichen Sternenstaub gebildet sind wie der gesamte Kosmos. Dieses Wissen verlangt einen anderen Umgang mit der Natur, weil wir zu ihr gehören. Wir sind im Tiefsten eins mit ihr, weil wir alle aus dem Einen geschaffen wurden. Welcher Umgang mit der Natur daraus folgt, formuliert Lukas so: »Sie sollten Gott suchen, ob sie ihn ertasten und finden könnten; denn keinem von uns ist er fern. Denn in ihm leben wir, bewegen wir uns und sind wir, wie auch einige von euren Dichtern gesagt haben: Wir sind von seiner Art« (Apg 17,27f). Zwei Erkenntnisse sind für mich hier wichtig: 1. Indem wir in der Natur leben, sind wir von Gottes Atem umgeben, von Gottes Schönheit eingehüllt. Wir leben in Gott. Damit ist keinem Pantheismus das Wort geredet, sondern meint einen Panentheismus. Die Natur ist nicht Gott. Aber in der Natur begegnen wir Gottes Geist, Gottes Schönheit. Sie ist von Gottes Geist durchdrungen. 2. Wir sollen Gott nicht nur mit unserem Geist erkennen. Lukas sagt, dass wir Gott »ertasten« sollen. Indem wir also achtsam eine Blume berühren, berühren wir Gott selbst, den Schöpfer dieser Blume. In der Schönheit der Blume leuchtet die Schönheit Gottes auf. Denn Gott – so sagt Plotin – ist das Urschöne, von dem alle Schönheit stammt. Das deutsche Wort »schön« kommt nicht nur von »schauen«, sondern auch von »schonen«: Wir schauen nicht nur Gott in der Natur, sondern wir müssen das Schöne auch schonen, wir dürfen es nicht besitzen, nicht beherrschen, nicht für uns benutzen.

Diese Sichtweise, die Lukas in der Areopagrede ausführt, wird später von der christlichen Mystik aufgegriffen. Evagrius Ponticus, der Psychologe unter den Wüstenvätern, spricht von einer zweifachen Form der Mystik. Die erste ist die Kontemplation der Natur (*theoria physike*): Indem wir die Natur schauen, schauen wir das Geheimnis Gottes, der die Natur durchdringt. Voraussetzung für diese Art der Kontemplation ist für Evagrius allerdings, dass wir sie mit reinem Herzen anschauen, mit einem Herzen, das nicht besitzen oder benutzen möchte, sondern das die Natur einfach lässt, wie sie ist. Wenn wir sie absichtslos und mit reinem Herzen betrachten, dann erkennen wir, was Gott uns durch die Natur sagen möchte. Sie hilft uns, die Wege Gottes besser zu verstehen, und lässt uns etwas vom Wesen Gottes selbst erkennen. Die zweite Form der Kontemplation ist die Kontemplation der heiligen Dreifaltigkeit. Sie führt nach Evagrius zur Wesenserkenntnis oder zur Erkenntnis der Einfachheit, zur Erkenntnis der Einheit von allem.

In der benediktinischen Tradition hat vor allem die *stabilitas*, was das Bleiben am gleichen Ort und in der gleichen Gemeinschaft meint, dazu geführt, dass die Mönche achtsam mit der sie umgebenden Natur umgegangen sind. Benedikt fordert sie zudem auf, achtsam mit dem Werkzeug ihrer Gemeinschaft umzugehen. Der Cellerar soll mit allen Dingen des Klosters wie mit heiligem Altargerät umgehen. Die Spiritualität Benedikts ist also in allem geerdet, erdverbunden. Die Haltung, die dafür zentral ist, ist die Demut. Im Lateinischen heißt sie *humilitas*. Das leitet sich von *humus*, Erde, ab. Demut bedeutet den Mut, hinabzusteigen in die eigene Erdhaftigkeit, mit beiden Füßen auf der Erde zu stehen, anstatt uns mit unserem Intellekt über sie zu erheben. Es gilt, demütig zu akzeptieren, dass wir ein Teil der Erde sind, dass der Frieden mit uns selbst immer auch Frieden mit der Natur ist, Frieden mit den Pflanzen und Tieren. Demut bedeutet auch, dass wir uns mit den animalischen Seiten und den Instinktkräften in uns aussöhnen. Wir können mit den Tieren nur im Frieden leben, wenn wir in aller Demut auch das Tierische, das Animalische in uns annehmen. Dann wird es uns nicht beherrschen, stattdessen werden die Tiere, wie manche Märchen zeigen, zum Helfer des Menschen.

In der Geschichte der Menschheit hat vor allem die Aufklärung dazu geführt, dass wir die achtsame Beziehung zur Natur verloren haben. In dieser Zeit und in den folgenden Jahrhunderten zählte nur noch der Verstand, die rein rationale Sicht auf die Dinge, auch auf die Natur. Wir haben uns durch unsere Rationalität weit von ihr entfernt. Der Verstand will alles beherrschen und kontrollieren. Wir brauchen wieder einen neuen Zugang zu unseren Gefühlen, sodass wir uns eins fühlen können mit allem, was ist. Und wir brauchen die Demut, um achtsam und behutsam mit der Natur umzugehen. Der Frieden mit der Natur ist die Voraussetzung, dass wir und die nachfolgenden Generationen gut und gerne auf dieser Erde leben können.

Die Natur als Spur Gottes

AHMAD MILAD KARIMI

Wir sind heute Zeuge einer Ausbeutung und Zerstörung der Natur in bisher nie dagewesenem Umfang. Das hat seinen Grund darin, dass sie seit vielen hundert Jahren als eine nie endende Ressource, als Ware und Gegenstand unserer Verfügungsgewalt betrachtet wurde. Unser Frieden mit der Natur ist nachhaltig gestört. Die Folgen des menschengemachten Klimawandels sind schmerzlich spürbar in den extremen Phänomenen wie Fluten, Erdrutsche, Stürme, Dürren, Hitzewellen. Spätestens seit der Neuzeit hat sich die fatale Idee etabliert, wie es der Philosoph René Descartes formulierte, den Menschen als »Herrscher und Besitzer der Natur«[67] zu betrachten. Zudem haben nicht nur politische und ökonomische Missdeutungen dazu beigetragen, die Verletzlichkeit der Natur auszunutzen, wie es Pater Anselm sehr treffend hervorhebt, sondern auch eine zurückhaltende religiös-spirituelle Intervention.

Im Koran klingt an, dass ein verantwortungsloses Vergreifen an der Natur durch den Menschen Folgen für die Menschheit hat, wenn es dort heißt: »Offenbar geworden ist Unheil auf dem Festland und auf dem Meer für das, was bewirken die Hände der Menschen. So will Er sie kosten lassen etwas von dem, was sie getan haben, damit sie vielleicht umkehren!«[68] Dabei verfügen Religionen über eine lange und reife Tradition ethischer und spiritueller Sensibilisierungen, die zur Bewahrung und Gestaltung der Natur als Akt der Treue zu Gott und seiner Schöpfung inspirieren.

Über den Eigenwert der Lebewesen – ob Tiere oder Pflanzen – hinaus gehört der Eigenwert der gesamten Schöpfung, der Natur überhaupt zum Kern spiritueller Betrachtung. Diese betrachtet den Menschen nicht als Mittelpunkt der Welt, doch genau diese Sicht hat sich seit der Antike in vielen Gesellschaften etabliert, der seit der Neuzeit verstärkt und intensiviert und dann zur Naturbeherrschung und -ausbeutung durch den Menschen geführt hat. Muhammad Iqbal eröffnet einen anderen Horizont, wenn er festhält:»Sokrates konzentrierte seine Aufmerksamkeit einzig und allein auf die Menschenwelt. Für ihn war eine hinreichende Studie des Menschen eben der Mensch und nicht die Welt der Pflanzen, Insekten und Sterne. Wie anders ist da doch der Geist des Koran, der in der bescheidenen Biene eine Empfängerin göttlicher Inspiration sieht und den Leser beständig dazu aufruft, die immer wieder neue Drehung der Winde, den Wechsel von Tag und Nacht, die Wolken, die Sternenhimmel und die Planeten, die im unendlichen Raum schwimmen, zu betrachten!«

In spiritueller Hinsicht kann der Mensch nicht als alleiniger Bezugspunkt göttlicher Zuwendung Geltung beanspruchen. Gewiss hat der Mensch eine Sonderstellung im Anspruch Gottes, aber nur, um in Verantwortung für seine eigene Bestimmung befreit zu sein. Es zeugt von wenig Umsicht, dass einige Stellen aus dem Koran rein anthropozentrisch gedeutet wurden, die davon handeln, alles sei dienstbar gemacht worden für die Nutznießung der Menschen.[70] Welche ethische Verantwortung ihm aber dabei zukommt, dass er nicht übergriffig und maßlos sein soll, dass er für die Natur, für die Umwelt Sorge zu tragen hat, scheint zumindest in der Praxis wenig beachtet worden zu sein. Doch der Koran mahnt deutlich und mehrfach an:»Und Er ist es, der Gärten mit Spalieren und ohne Spalier entstehen lässt, und die Palmen und das Getreide verschiedener Frucht und die

Olivenbäume und Granatapfelbäume, einander ähnlich und unähnlich. Esst von ihren Früchten, wenn sie Früchte tragen, doch gebt davon am Tag der Ernte, was euch Pflicht ist, aber seid nicht maßlos! Er liebt nicht die Maßlosen.«[71]

In einem der biblischen Erzählung nahen Schöpfungsbericht wird im Koran hervorgehoben[72], dass Gott nicht nur alles erschaffen, sondern auch »gesegnet«[73] habe. Insofern ruht auf der Natur der Segen Gottes. Damit hat sie nicht nur einen Eigenwert, sondern auch einen spirituellen Wert. Frieden mit der Natur zu finden heißt dann: mit dem Segen Gottes in berührendem Einklang zu sein. Herrschaft und Unterwerfung, die auch Pater Anselm hinterfragt, sind als Denk- und Handlungskategorien deutlich verfehlt, weil sie Unfrieden stiften, indem sie uns unmöglich machen, das gesegnete Werk Gottes zu bestaunen, das heißt mit der Natur zu leben, sie zu behüten, an ihr und mit ihr zu wachsen.

Die Natur sein zu lassen, sich in Ruhe und Verzicht zu üben, gehört zum Grundzug religiös-spiritueller Haltung. Deshalb hat im islamischen Kontext der Freitag diesen besonderen Charakter: Das gemeinschaftliche Gebet in der Moschee macht ihn zu einem Tag der Versammlung, um sich Gott zu widmen, aber auch mit sich in Frieden zu kommen. »O ihr, die ihr glaubt«, heißt es im Koran, »wenn gerufen wird zum Gebet am Tag der Versammlung, so eilt zum Gedenken Gottes, und lasst das Kaufgeschäft ruhen! Das ist für euch besser, wenn ihr es erkennt.«[74]

Frieden mit der Natur zeigt sich in unserer Haltung zur Natur, maßvoll, das heißt auch in Gerechtigkeit den Eigenwert der Natur zu achten. Im Koran heißt es: »Und den Himmel hat Er emporgehoben, und aufgerichtet hat Er die Waage, auf dass ihr nicht Übertretung begeht an der Waage!«[75] Es geht hier um die Waage des Lebens, um das richtige und angemessene Maß als Prinzip unseres Umgangs mit der Natur, das heißt, sich auf sie einzulassen, ihre Schönheit, ihre Früchte zu nutzen und zu genießen, aber sie nicht auszunutzen und auszubeuten. Insofern kommen wir in Frieden mit der Natur, indem wir erkennen, dass sie uns als ein geliehenes Gut anvertraut ist[76], das wir nicht als Konsumgut und Besitz begreifen können, aber sehr wohl als eine Spur Gottes, die uns umgreift. Der blühende Garten mit seinen duftenden Rosen stellt eine Spur göttlicher Schönheit dar, an der sich die Seele erfreut und wo sie Frieden erlebt.

Die umsichtige Gestaltung der Erde, um das »Schöpfungswerk Gottes« fortzusetzen, wie Pater Anselm fordert, braucht eine achtsame Einstellung zur Schöpfung. Es gilt, sich für ihr Wachsen und Gedeihen einzusetzen, selbst dann einen Baum einzupflanzen, wie es einmal der Prophet Muhammad sinngemäß sagte, wenn es auch die letzte Handlung ist, die man ausführt, denn: »Wenn einer ein Bäumchen pflanzt, schreibt ihm Gott so viel Lohn zu wie die Anzahl der Früchte des Bäumchens.«

Um diese Spur Gottes in der Natur in unser Leben kraftvoll einzubinden, müssen wir uns für die Sprache der Natur öffnen. Sie kennt keine Worte. Jenseits der Worte ist Stille, aber kein Stillstand. In ihrer Vielfalt spricht die weite und tiefe Natur eine grenzlose Sprache, die sich auch in Gesten und Tönen ausdrückt: Die klagenden Nachtigallen, die aufblühenden und verwelkenden Blumen, die trockenen Wüsten, die dichten Wälder, alle sprechen in ihrer Schönheit und Erhabenheit. Und ihre verborgene Sprache, die sich hinter aller Stille oder vielleicht in der Stille selbst ausdrückt, ist das Gebet. »Was in den Himmeln und was auf der Erde, preist Gott«[77], lesen wir im Koran. Jede Pflanze, jedes Tier, die weiten Wüsten, die grünen Wälder, das tiefe Meer und die aufragenden Berge sind auf Gott gerichtet.

Wer die Natur beobachtet, erblickt nicht bloß Lebewesen und Steine, sondern Gottzugewandtheit. Der behutsame Schutz der der Umwelt, der Mitwelt, des Kleinen und Großen enthüllt sich als Staunen vor dem Schöpfer und ein Lobpreisen des Schöpfers.

Daher ist die Kontemplation der Natur, die Pater Anselm als einen mystischen Akt hervorhebt, in dem wir auf das Geheimnis Gottes schauen, ebenso in der islamischen Spiritualität tief verankert. Die Naturverbundenheit kommt aus dem Bewusstsein, dass die Natur uns zu Gott führt, uns offenbart, was uns sonst verborgen bliebe. So finden wir zu Gott, zu uns selbst, wenn wir uns der Natur öffnen und nicht umgekehrt uns der Natur verschließen und sie ausbeuten. Im Koran wird ungewöhnlich detailliert auf die Gottesgegenwart in der Natur eingegangen, indem sie als »Lehrmeisterin«, als Weisheitsspenderin, als Wegweiserin und Offenbarung, als der »große Koran« dargestellt wird. Hören wir auf die Worte: »Wahrlich, Gott ist es, der das Korn und die Kerne spaltet, der hervorbringt das Lebendige aus dem Toten und das Tote hervorbringt aus dem Lebendigen. Das ist Gott.« Etwas weiter im Text heißt es: »Und Er ist es, der die Sterne für euch geschaffen, damit ihr geführt werdet durch sie in den Finsternissen des Festlandes und des Meeres.« Dann geht es noch einmal um die Schaffung des Menschen: »Wir haben die Zeichen dargelegt für Leute, die wissend sind. Er ist es, der euch aus einer einzigen Seele hervorgebracht, sodann: ein Ort und eine Lagerstätte. Wir haben die Zeichen dargelegt für Leute, die begreifen.« Dann, ganz detailliert die Flora der Umwelt aufgreifend: »Und Er ist es, der herabsendet vom Himmel Wasser. Wir ließen damit Pflanzen aller Art wachsen, und ließen daraus Grünes wachsen und daraus Körner, übereinandergereihte. Und aus den Dattelpalmen, aus ihren Blütenständen, ließen Wir tief herabhängende Dattelbüschel wachsen. Und Gärten mit Rebstöcken, Oliven und Granatäpfeln, einander ähnlich und nicht ähnlich. Schaut auf ihre Früchte, wenn sie Früchte tragen, und auf ihre Reife. Wahrlich, darin sind Zeichen für Leute, die glauben.«[78] Schaut hin, heißt es hier. Lernt, würdigt, erkennt.

Der mystische Dichter Saʿdī schreibt:»Jedes Blatt am Baum ist dem Blick des Weisen eines Buches Blatt, Gottes Macht zu preisen.«[79] Gottes Gegenwart,»Gottes Geist«, wie es Pater Anselm nennt, ist in der Natur gegenwärtig, weil die Natur nicht bloß erschaffen wurde, sondern, wie der Prophet Muhammad es zum Ausdruck brachte:»Gott hat allen Dingen die Schönheit eingeschrieben.«[80] Schönheit entdecken, sich für das Schöne öffnen, es schonen und bestaunen, an ihr teilhaben, uns selbst erden, wie die benediktinische Tradition nahelegt, stiftet Frieden. Hier enthüllt sich die Natur als ein Maß, um sich in diesem Leben zu bewähren.»Gott liebt die Schönhandelnden«[81], heißt es programmatisch im Koran. Im Schönen ist das Antlitz Gottes sichtbar. Es wird deutlich in den unendlichen Farben, Gerüchen, Formen, die wir in der Natur finden, aber auch, wenn wir uns zum Beispiel für den Erhalt der Artenvielfalt einsetzen, um an der ganzen Schönheit göttlicher Hand teilhaben zu können, sie in allen Facetten genießen zu können. Der Prophet Muhammad wird bezeugen:»Gott ist schön und er liebt die Schönheit.«[82]

Natur fordert vom Menschen die Haltung der Demut, das heißt, sich nicht über sie zu erheben, sondern an ihr teilzuhaben, ihre Pilgerreise zu Gott zu begleiten, in tiefer Berührung und mit großem Respekt. In Frieden mit der Natur zu leben, kennt keine Alternative. Dieser Frieden wird aus der Haltung entstehen, sich der Unverfügbarkeit der Natur hinzugeben.

6

Frieden stiften

Frieden als Aufgabe und Auftrag

AHMAD MILAD KARIMI

Als der Prophet Muhammad gefragt wurde, was der beste Islam sei, antwortete er:»Der beste Islam ist, dass du die Hungrigen speist und Frieden verbreitest unter Bekannten und Unbekannten.«[83] Somit wird der Frieden als Aufgabe und Auftrag aufgefasst – als Kernanliegen des Islams im besten Sinn. Zudem ist der Frieden, wie es bereits im Buch Jesaja anklingt, eine Frucht der Gerechtigkeit.[84] Der Islam in dem Sinn, wie ihn der Prophet Muhammad begreift, fordert den Menschen dazu auf, sich für die Gerechtigkeit und für die Friedensstiftung einzusetzen: »Und wenn zwei Gruppen der Gläubigen einander bekämpfen, dann stiftet Frieden zwischen ihnen. Vergeht sich eine von ihnen gegen die andere, so bekämpft die, die sich vergeht, bis sie umkehrt zum Befehl Gottes. Wenn sie umkehrt, so stiftet zwischen ihnen Frieden nach Gerechtigkeit und handelt gerecht! Wahrlich, Gott liebt die Gerechthandelnden. Wahrlich, die Gläubigen sind Brüder. So stiftet Frieden zwischen euren Brüdern!«[85] Zum einen gehören Gerechtigkeit und Frieden zusammen und zum anderen wird die Religion nicht als eine bloße Idee aufgefasst, der man passiv-gläubig gegenübersteht. Mit dem Islam zu leben, meint keine »Eigenschaft«, sondern Auftrag und Pflicht, sich für die Friedensstiftung einzusetzen, mit ganzem Herzen und ganzer Kraft. Die Bestimmung, den besten Islam zu leben, stellt daher eine Pflicht zu handeln dar. Denn weder die Gerechtigkeit noch der Frieden können als Zustand und noch weniger als Gegebenheit vorausgesetzt werden. Vielmehr gehört er zum Prozess des Lebens. Der Frieden ist das Unerreichte und

Unerreichbare. Er ist vor diesem Hintergrund als das Noch-nicht-Seiende zu verstehen, als das Gesuchte und das Ersehnte. Der Islam scheint somit hier als ein Begriff der Zukunft auf, etwas, das sein soll und werden muss, also ein Zustand, den wir nie erreicht haben werden, denn die Gerechtigkeit, die, wie im Koran mehrfach betont, die Grundlage dieses Friedens ist, keineswegs hergestellt ist und durch Menschenhand auch wohl niemals wirklich in jeder Hinsicht herzustellen ist.

Frieden als Frucht der Gerechtigkeit wird im Koran insbesondere dadurch bekräftigt, dass es dort heißt, es sei ein Gebot der Selbstverteidigung, sich gegen das Unrecht beziehungsweise die Unrechtserfahrung zur Wehr zu setzen.[86] Ausdrücklich ist dadurch hier keine aktive, pauschale[87], aggressive Gewalt legitimiert. Vielmehr soll Unrecht nicht hingenommen werden, sondern selbst in der Not das Unrecht, der Missbrauch durch verteidigende Gewalt als Abwehrhandlung bekämpft werden – mit dem Ziel, Frieden herbeizuführen. Hervorzuheben ist an dieser Stelle, dass es selbst bei der Verteidigung nicht um Gewaltanwendung geht, sondern um Sicherstellung des Friedens, der durch Missbrauch, Unrecht, Gewalt verletzt und zerstört wird. Dabei gilt das Gebot, dass die Abwehr maßvoll[88] sein soll: »Bekämpft auf dem Weg Gottes diejenigen, die euch bekämpfen, doch begeht keine Übertretung! Siehe, Gott liebt nicht die Übertretung Begehenden.«[89]

Dieser Text ist ein gutes Beispiel dafür, dass der Koran zwar auf die Grenzen der Legitimität hinweist, wenn es darum geht, in der Abwehr eines Angriffs selbst Gewalt anzuwenden, aber nicht wie ein Rezept darlegt, wann eine Abwehrhandlung diese Grenze erreicht. Dies muss vernünftig reflektiert und verhandelt werden. Frieden muss argumentativ erstritten werden. Frieden bedeutet nicht Wegsehen und kein bedingungsloses Hinnehmen, sondern ein gemeinsames Streiten für mehr Menschlichkeit, mehr Akzeptanz, mehr Sinn für Diversität. Daher wird im Koran betont, insbesondere in Bezug auf andere Religionen, dass es wichtig ist, miteinander zu streiten, aber »auf die schöne Weise nur!«[90]. Es ist keine schöne Streit*kultur*, die von der Idee der Exklusivität der je eigenen Wahrheit getragen ist, um den anderen herabzuwürdigen. Hingegen ist es heilsam und friedensstiftend, sich gegenseitig als Suchende und Sehnende anzunehmen, schließlich sind alle gemeinsam Pilgernde auf der Suche nach Wahrheit und Wahrhaftigkeit.

Was tun, wenn uns Übles zugefügt wird? Darauf kann keine pauschale Antwort gegeben werden. Dennoch lässt sich dem Koran eine erstaunliche Maxime entnehmen, die besagt: »Die Vergeltung des Schlechten ist das ebenso Schlechte. Wer verzeiht und stiftet Frieden, dessen Lohn obliegt Gott. Wahrlich, nicht liebt Er die Übeltäter.«[91] Es geht also wesentlich darum, den Kreislauf des Schlechten – üble Nachrede, boshafte Taten – mit Barmherzigkeit und klarer und kompromissloser Haltung der Friedensstiftung zu durchbrechen. Insofern wird in der spirituellen Tradition des Islams nicht nach dem Frieden gesucht, der allein als eine Beseitigung der Gewalt verstanden wird, wie auch die Gewalt niemals der Sicherung des Friedens dienen kann. Der Weg besteht vielmehr darin, fühlbar und verständlich zu machen, dass die Gewalt keine Alternative ist, indem aufgezeigt wird, dass die Gewalt keine nachhaltige, hinreichende Überzeugungskraft hat, dass die Gewalt keine Stabilität ins Leben bringen kann. Daher darf die Gewalt nicht mehr mit dem Frieden in Bezug gesetzt werden, damit eben dem Schlechten nicht mit Schlechtem begegnet wird.

Im Koran ist vielfach vom *Jihād* die Rede. Der *Jihād* ist ein komplexer und mehrdeutiger Begriff[92], der im Koran etwa 41-mal vorkommt. Zum einen wird er als ein Konzept des Kampfes in einem Begriffsumfeld verstanden, das sich dezidiert eines kämpferischen beziehungsweise kriegerischen Vokabulars bedient und kontextuell auf historische Situationen aus der Vita des Propheten bezogen ist, zum anderen wird der *Jihād* auch als Anstrengung, Mühsal oder als Disputation im Sinn einer inneren, spirituellen Selbstdisziplinierung, Aufopferung und Großzügigkeit[93] aufgefasst.[94] Beide Deutungsmöglichkeiten finden sich im Koran. Insbesondere der sogenannte Schwertvers[95], der zwar milder ausfällt als der Schwertvers der Bibel[96], aber dennoch kämpferisch genug formuliert ist, sollte als Schlüsselvers dienen, um den *Jihād* auf Praktiken des Kampfes engzuführen. Doch dagegen haben sich ebenso andere Lesarten und konkurrierende Auslegungen kultiviert[97], die gerade das Gegenteil bezweckten. Daher kann es nicht darum gehen, die einen Verse gegen die anderen auszuspielen, indem man die einen verschweigt oder die anderen relativiert. Es wäre also reine Apologie und Missdeutung der faktischen Geschichte, zu behaupten, in der islamischen Geschichte und Gegenwart wurde und wird allein Frieden praktiziert. Es wäre aber genauso eine unbegründete Ideologie, zu behaupten, verletzende und übergriffige Gewaltausübung wäre *dem* Islam inhärent.

Heute ist es meiner Ansicht nach wichtig, Akzentsetzungen auf den äußeren *Jihād* zurückzuweisen und die Kultivierung eines friedensstiftenden inneren, großen und großmütigen *Jihāds* in den Vordergrund zu rücken. In diesem Sinne muss die Friedensstiftung die Maxime unserer Handlung und Gesinnung sein. Diese Maxime will einen *Jihād* für den *Jihād* öffnen. Wir benötigen also eine überzeugende Theologie, die insbesondere im Rückgriff auf die spirituelle Tradition des Islams den unbedingten Auftrag zum Frieden gegen die intolerante, gewalttätige Lesart begründet und inspiriert. Im Kern sind dezidiert religiöse Praktiken, Rituale wie zum Beispiel das Fasten im Monat Ramadan oder die Pilgerreise entwaffnende, strukturell auch aufhebende Maxime der Gewaltauslöschung. Aus der Religion heraus zu leben, bedeutet in Demut und mit der Einsicht zu leben, dass alles, was wir tun und meinen, verstanden zu haben, prinzipiell falsch sein kann. Daher muss die eigene Position zugunsten des Friedens seinen Wahrheitsanspruch als Wahrheitsliebe begreifen. Denn wir haben nicht die Wahrheit, sondern wir sind Wahrheits- und Friedenssuchende. Daher kann weder dem Koran noch dem Islam überhaupt ein bereits vorgefasstes Ideal aufgezwungen werden, nach dem sie triumphal als die Erfüllung des Friedens zu begreifen wären. Der Koran besitzt keinen absoluten Sinn und stellt kein Handlungssubjekt dar, das seine Klärung selbst leistet. Und der Islam ist keine selbstverständliche Gegebenheit. Insofern sind wir angehalten, unsere Deutung, unsere Interpretation des Korans, des Islams überzeugend in Theorie und Praxis einzubringen. Damit ist aber keineswegs beliebigen Interpretationen Tür und Tor geöffnet. Deutungsbedürftigkeit, die sich hier in Mehrdeutigkeit ausdrückt, muss sich in Rückbesinnung und Rückversicherung in den Quellen und der gewachsenen Traditionen bewähren. Dazu gehört die eindeutige Zurückweisung religiöser Gewaltlegitimation in einer aggressiven, aktiven und verletzenden Form, die übergriffig, unachtsam, rechthaberisch und wahrheitsfetischistisch den anderen bezwingen will. Verbrechen gegen die Menschlichkeit, inhumane und frauenverachtende sowie lebens- und pluralitätsfeindliche Lesarten, die zum Beispiel heute bei den Taliban, in Saudi-Arabien oder im Iran praktiziert werden, können nicht einfach hingenommen werden. Religion dient ihnen oder sie wird dienstbar gemacht für die eigene Ideologie, für die eigene Machtsicherung, für die Fixierung einer einzigen Deutung und Mumifizierung der religiösen Dogmen, die zumeist als Instrument verwendet werden, um andere auszuschließen, Zwietracht und Trennung herbeizuführen.

Frieden stiften kann nicht gelingen, wenn dabei die vorherrschende Gewalt und ein gewaltaffines Denken ignoriert werden. Wenn der *Jihād* als Krieg gegen Andersgläubige, Andersdenkende, überhaupt als Ermächtigungsgrund eigener Wahrheitsfantasien dient, um den Willen Gottes zu vollstrecken, dann ist dieser vermeintliche Feldzug des »Heiligen Kriegs« nichts als Entheiligung und Entweihung des bunten, vielseitigen, offenen Werkes Gottes. Aber überzeugen die Kriegstreiber auch in einem Wettstreit der Plausibilitäten, die für das islamische Selbstverständnis als Maßstab gilt? Keineswegs. Weder wissenschaftlich-theologisch noch spirituell-religiös können Gewaltherrschaft, imperiale Herrschaftsansprüche, Unterdrückung, religiöse Bevormundung, Verachtung und Verfolgung des Andersgläubigen und Nichtgläubigen umfassend überzeugen.

Dass auch heute die Konzeption des *Jihāds* in diesem Sinn gedeutet, fragmentiert, durch koranische und prophetische Überlieferungen legitimiert wird, kann nicht verschwiegen werden. Für die Akzentuierung des *Jihāds* gibt es eine eigene Tradition, auch wenn sie keine Dominanz besitzt. Das liegt auch daran, dass der koranische Text und die Vita des Propheten Muhammad ambivalent sind in der Akzentuierung, einerseits die Freiheit des Glaubens hervorzuheben, andererseits auch Einsicht in die unabdingbare Wahrhaftigkeit prophetischer und göttlicher Wirklichkeit zu fordern. Vor diesem Hintergrund gab und gibt es immer auch andere Lesarten der Quellen, die ebenso auf die koranische und prophetische Tradition Bezug nehmen und für eine friedfertige, tolerante und würdigende Lebensvielfalt argumentieren.[98] Im Koran lesen wir: »Und es gibt keinen Zwang in der Religion. Geschieden zeigt sich das Richtige vom

Irrtum.«[99] Darin wird eine erstaunliche Offenheit und Freiheit artikuliert, die Menschen in ihrer eigenen Erkenntnismöglichkeit ernst nimmt und ihnen zutraut, verantwortungsvoll wählen zu können, was sie überzeugt.

Es wird nicht für die Wahrheitsverkündung geworben, sondern dafür, offen zu sein für die Mehrdeutigkeit der Deutungen und Auslegungen: »Für jeden von euch haben Wir Richtung und Weg bestimmt. Und hätte Gott gewollt, hätte Er euch gemacht zu einer Gemeinschaft, einer einzigen. Aber Er wollte euch in dem prüfen, was Er euch gegeben. So wetteifert um die guten Dinge! Zu Gott werdet ihr zurückkehren, allesamt, und dann wird Er euch offenlegen, worüber ihr uneins wart.«[100]

Daher geht es innerhalb der islamischen Spiritualität grundlegend um die innere Bedeutung der Wirklichkeit und der lebenspraktischen Tätigkeit, die in einem umfassenden Friedensstreben gründet: in allem das Antlitz Gottes zu sehen[101], in dessen Gedenken die Herzen ruhen[102]. Die nach innen gerichtete Geistigkeit, im Ganzen Frieden zu suchen und zu erstreben, darf als der eigentliche Kern der islamischen Spiritualität betrachtet werden. Wer den Frieden will, kann sich für den Frieden erheben, für den Frieden schreiben, für den Frieden arbeiten, jeden Tag, zu jeder Tageszeit, so wie das rituelle Gebet. Es ist bezeichnend, dass das rituelle Gebet der Muslime mit einem Friedensgruß nach rechts und nach links beendet wird, um dann die Hände nach oben zu recken, sie zu einem leeren Gefäß zu formen, welches uns selbst symbolisiert. Doch das Ideal des Friedens wirkt abstrakt und hohl, wenn es bloß ein blasses Wort bleibt oder zu einer äußerlich auferlegten Pflicht wird. Sich für den Frieden zu öffnen, um sich dann für den Frieden einzusetzen, muss daher im Leben verortet sein. Das geschieht oft im Kleinen, zum Beispiel in unserer Begegnung miteinander, in unserer Haltung zueinander. So ist ein Wort des Propheten Muhammad überliefert, der äußerst sensibel darauf aufmerksam macht: »Muslim ist derjenige«, so der Prophet, »vor dessen Hand und Zunge die Menschen in Sicherheit sind«, in dessen »Schatten die Menschen in Sicherheit sind«.

Es ist das Leben im Kleinen, in unscheinbaren und unbemerkten Momenten, die letztlich das Leben im Großen ausmachen. Daher lernen wir aus den spirituellen Traditionen des Islams, mit Achtsamkeit und Hingabe aufeinander zuzugehen. Dies kann durchaus einen inneren Kampf bedeuten, der ebenso als ein *Jihād* begriffen wird. Aber dieser wird deshalb als der »große *Jihād*« aufgefasst, weil es hier um einen unaufhörlichen inneren, geistigen Kampf (zum Beispiel gegen die Triebseele) geht, mit dem wir tagtäglich konfrontiert sind. Wir können diesen Kampf gewinnen, indem wir uns in Verzicht üben, indem wir nachgeben, indem wir vergeben, indem wir das Gute suchen, wo nur Schlechtes sichtbar ist, indem wir Frieden stiften, wo alles zerbrochen und zerstritten wirkt.

Frieden zu stiften als die höchste Pflicht wird im Islam in der Freiheit des Menschen verankert, sein Menschsein zu leben, dieser Würde zu genügen, sodass seine Seele Frieden finden kann: »Selig ist, wer sie [sc. die Seele] reinigt, unselig aber, wer sie verkommen lässt«, heißt es im Koran.[103] Insofern ist hier nicht nur der Islam als Religion, sondern die innere Haltung zur Religion überhaupt dargestellt, die darin gründet, sein Leben aus und in der Pflicht zum Frieden zu entwerfen. Hierbei kommen mindestens zwei unterschiedliche Friedenskonzepte zum Tragen.[104] Zum einen der transzendente, transpersonale Frieden, das heißt der Frieden zwischen Mensch und Gott, der alle anderen Friedenskonzepte grundlegend bestimmt, und zum anderen der immanente, interpersonale Frieden, der vor allem eine soziale und gemeinschaftliche Dimension hat und bestimmt, wie wir realgeschichtlich in bestimmten konkreten Situationen und Ordnungen interagieren. Beide Friedensformen können nicht unabhängig voneinander existieren, sie sind untrennbar miteinander verbunden. Wer Frieden stiftet, der findet Heil.

Wenn also die Religion zum Frieden und der Hoffnung auf ein sicheres, gemeinsames Leben beitragen kann, dann nur insofern sie als eine unabhängige, überparteiliche, nicht-korrumpierbare Instanz mit klarer Haltung und bestimmten Wertvorstellungen im Dienst der Menschheit auftritt und mit sanfter Stimme in Demut und Verantwortung vor Gott spricht. Die Sehnsucht nach Gott ist dann die Sehnsucht nach Frieden, wenn wir einsehen, dass Frieden keine Alternative kennt: Frieden ist etwas Unbedingtes. Aber für den Frieden muss man sich erheben, denn er fordert Haltung.

Warum Frieden selig macht

ANSELM GRÜN

Schaut man in die Bibel, ist auch hier der Frieden immer wieder ein zentrales Thema. So zum Beispiel in den sogenannten Seligpreisungen im Matthäusevangelium: »Selig, die Frieden stiften, denn sie werden Söhne (und Töchter) Gottes genannt werden« (Mt 5,9). Das griechische Wort für »Frieden stiften«, das Matthäus hier verwendet, ist *eirenopoioi*. Martin Luther übersetzt es mit »friedfertig sein«. Die Bedeutung ist eigentlich: Frieden schaffen, Frieden gestalten. Das griechische Wort *poiein* meint ein kreatives Tun und bildet zum Beispiel auch die Wurzel des Wortes »Poesie«. Wenn wir dieses Wort meditieren, dann entdecken wir, dass wir vor allem durch unsere Sprache Frieden schaffen. Sie ist dabei nicht berechnend und bewertend, sondern dichterisch geprägt, sie lässt die Dinge sein, wie sie sind, bringt sie zum Leuchten. Heute beobachten wir dagegen häufig eine spaltende, eine verurteilende und aggressive Sprache. Was wir brauchen, ist eine Sprache, die das, was ist, benennt und die Menschen miteinander versöhnt. Eine solche wird in den Schriften des Evangelisten Lukas sichtbar. Lukas bewertet nicht. Er beschreibt auch Konflikte – etwa das Apostelkonzil in Apostelgeschichte 15 – in einer versöhnenden Sprache. Er verbindet die Menschen durch seine Sprache und schafft damit Frieden.

Die Sprache der Poesie ist ebenfalls nicht verzweckend, sondern bringt die Schönheit des Seins zum Ausdruck. Indem wir das Schöne im Menschen und die Schönheit der Welt in unserer Sprache erklingen und aufscheinen lassen, stiften wir Frieden.

Denn das Schöne verbindet miteinander. Der deutsche Schriftsteller Martin Walser drückte das einmal so aus:»Wenn du etwas schön findest, bist du niemals allein.« Das Schöne schafft Gemeinschaft. Wir schauen gemeinsam auf das Schöne. Der Koran – so hat es Ahmad Milad Karimi immer wieder in seinen Schriften betont – zeichnet sich durch die Schönheit der Sprache aus, die schon manchen Hörer und Leser verzaubert hat. Wenn wir uns von der Schönheit der Sprache berühren lassen, erfahren wir in unserem Herzen Frieden. Die Schönheit tut dem Herzen gut. Sie ist heilsam für uns. Der russische Autor Fjodor Dostojewski spricht davon, dass Schönheit die Welt rettet beziehungsweise heilt.

Auch der Friede hat heilende Wirkung. Diese hat in der frühen Kirche der Bischof und Kirchenlehrer Gregor von Nyssa in seiner Auslegung der siebten Seligpreisung betont. Er schreibt:»In diesem kurzen Satz vollzieht das Gotteswort unsere Heilung von vielen Krankheiten.«[105] Im Anschluss beschreibt er psychologisch sehr einfühlsam die»Krankheit« des Zornes und des Neides. Der Zorn – so schreibt er in Übereinstimmung mit der damaligen Medizin – lässt die schwarze Galle durch den ganzen Körper strömen und macht den Menschen auf diese Weise krank. Der Neid dagegen frisst sich in das Herz hinein. Wer vom Neid beherrscht wird, der verbirgt seine Krankheit oft unter einer freundlichen Maske. Aber wer genau hinsieht, erkennt in den starren Augen, in den zusammengezogenen Augenbrauen die innere Krankheit. Gregor nennt diese körperlichen Reaktionen, die der Neid im Menschen hervorruft,»Todesanzeichen«. Jesus ist der Arzt, der uns von solchen seelischen Krankheiten befreit. So preist Gregor Jesus als den Arzt für die Seele:»Wenn schon der Arzt, der den Menschen von körperlichem Leid befreit, überaus geschätzt wird, um wie viel mehr muss dann derjenige, welcher die Seele aus so schlimmer

Krankheit rettet, von allen Einsichten als wahrer Wohltäter des Lebens geachtet werden.«[106]

Jesus – so meint Gregor – preist nicht nur die selig, die zwischen den Menschen Frieden stiften und so mithelfen, ihre Krankheiten zu heilen, sondern auch die,»welche den im eigenen Innern tobenden Streit zwischen Fleisch und Geist und den mit unserer Natur gegebenen Zwiespalt zu friedlicher Ausgleichung führen«[107]. Wer den inneren Zwiespalt ausgleicht, der erfährt in sich eine höhere Harmonie. Er wird eins mit sich. Auf diese Weise hat er teil an Gott, der ebenfalls einfach, gestaltlos, ohne Zusammensetzung ist. Wer mit sich in Einklang kommt, der wird wie Gott eins mit sich. Er gelangt zur wahren Einheit,»in welcher das Äußere mit dem Innern und das Innere mit dem Äußeren sich vollkommen deckt«[108]. Frieden definiert Gregor als liebevolle Übereinstimmung mit unseren Mitmenschen. Aber er versteht ihn auch als liebevolles Einswerden mit allem, was in uns ist. In dieser Einheit mit uns selbst haben wir teil an Gott. Da erfahren wir wahrhaftig, dass wir Söhne und Töchter Gottes sind.

Nur wer mit sich im Einklang oder zumindest auf dem Weg dorthin ist, vermag auch zwischen anderen Menschen Frieden zu stiften. Jesus selbst hat sich als Friedensstifter verstanden. Und er verlangt von seinen Jüngern, dass sie die Versöhnung und den Frieden verkünden. Mit der rein äußeren Verkündigung ist es aber nicht getan. Es braucht das wirkmächtige Schaffen des Friedens. Das geschieht wiederum durch Gespräch, durch Zuhören, aber auch durch Ermahnen und Bitten. Dieses Friedenschaffen im Außen schlägt im Gegenzug wieder auf uns zurück und verwandelt uns im guten Sinn. Wer sein Leben lang nur mit sich in Frieden kommen möchte, der kreist ständig um sich selbst und wird doch nicht glücklich. Zum Glück gehört es, dass ich von mir selbst absehe und mich für den Frieden zwischen den Menschen einsetze. Wenn es mir gelingt, dann bekommt mein Leben einen anderen Geschmack. Doch selbst wenn meinen Friedensbemühungen kein Erfolg beschieden ist, bin ich mehr mit mir im Frieden, als wenn ich immer nur um mich gekreist wäre.

Es genügt heute nicht, nur im kleinen Kreis Frieden zu stiften. Der Friede will sich auf der ganzen Erde ausbreiten. Und so soll auch unser Friedenschaffen immer die ganze Erde mit im Blick haben. Das beginnt mit unseren eigenen Gedanken. Sind es wirklich Gedanken des Friedens oder eher der Macht? Unsere Gedanken drücken sich in Worten aus. Wir können noch so sehr bewusst Frieden stiften wollen, wenn unsere Sprache verurteilend und verachtend ist, so werden wir nur Spaltung erzeugen. Wer in sich gespalten ist, der verbreitet auch in seiner Umgebung, in seinen Begegnungen Spaltung. Daher braucht es immer den inneren Frieden, damit von uns Versöhnung ausgehen kann.

Das Glück, das den Friedensstiftern verheißen wird, ist die Gotteskindschaft. Die Frieden schaffen, werden Söhne und Töchter Gottes genannt werden. Carl Friedrich von Weizsäcker ist es in seinen Auslegungen der Seligpreisungen wichtig, dass an dieser Stelle »Söhne (und Töchter) Gottes« steht.[109] Er meint damit, dass die, die sich für den Frieden einsetzen, auf erwachsene Weise ihre Beziehung zu Gott leben. Sie sind nicht Kinder, die alles von den Erwachsenen erwarten, sondern Söhne oder Töchter, die im Auftrag des Vaters in die Welt ziehen und überall den Frieden Gottes zu verbreiten suchen. Der Sohn oder die Tochter übernimmt Verantwortung für das, was sie tut. Sie wissen sich vom Vater in die Welt gesandt, um in seinem Geist zu wirken. Sie haben die Aufgabe, Frieden zu schaffen. Das griechische Wort *poiein* meint einen schöpferischen Prozess. Es braucht Fantasie und Kreativität, um dies Wirklichkeit werden zu lassen. Wer Frieden stiftet, hat teil an der Schöpferkraft Gottes, der alles gut gemacht hat.

Der Sohn oder die Tochter Gottes hat zudem teil an Gottes Wesen. Und er oder sie ist Gott besonders nahe. Gottes Sohn oder Tochter zu sein bedeutet: sich nicht von den Eltern her zu definieren, sondern sich letztlich von Gott her zu verstehen. Ich habe in Gott meinen tiefsten Grund. Er schenkt mir meine wahre Identität. Wenn ich im Frieden mit mir selbst bin und nach außen hin Frieden schaffe, dann erlebe ich mein wahres Menschsein, dann weiß ich, wer ich bin, bin ich im Einklang mit mir selbst. Das ist das höchste Glück, das Gott uns zu verheißen vermag. Doch damit uns diese Verheißung zuteilwird, müssen wir selbst etwas tun. Wir müssen mit uns in Einklang kommen und wir brauchen den Mut, uns für den Frieden mit anderen einzusetzen, obwohl sie uns das kaum lohnen werden. Dennoch halten wir am Frieden fest. Wir geben sie nicht auf. Dass das heute nicht immer einfach ist, lässt sich jeden Tag in den Nachrichten aus aller Welt beobachten. Aber wer diesen Einsatz für den Frieden wagt, der wird auch beschenkt mit dem Gefühl, etwas Sinnvolles getan zu haben. Sein Kampf für den Frieden wird sich in ihm als Lebendigkeit und Dankbarkeit ausdrücken.

Ein Urbild des Friedensstifters in unserer Zeit war Martin Luther King, der schwarze Baptistenpastor. Seine Art und Weise, Frieden zu stiften, nahm die Botschaft Jesu von der Gewaltlosigkeit und von der verwandelnden Kraft der Liebe ernst. Aus der Haft schreibt er seinen Gegnern: »Werft uns ins Gefängnis, wir werden euch trotzdem lieben! Werft Bomben in unsere Häuser, bedroht unsere Kinder, wir werden euch trotzdem lieben!«[110] Für ihn bedeutet Frieden zu stiften nicht, etwas durchzusetzen, sondern durch Liebe auch den Gegner zu gewinnen. Dann ist die Liebe eine Macht, die einen dauerhaften Frieden schafft. Alles, was nur mit Verhandlung erreicht wird, bleibt brüchig. Es braucht die Liebe, die mit kreativen Methoden dem Frieden zum Durchbruch verhilft. Die Feindesliebe ist für Martin Luther King der Schlüssel zum wahren Frieden. So sagt er in einer Predigt über Jesu Bergpredigt: »Der Befehl, unsere Feinde zu lieben, ist nicht die fromme Bitte eines schwärmerischen Träumers; er ist eine unbedingte Notwendigkeit für unser Überleben. Die Liebe auch zu unseren Feinden ist der Schlüssel, mit dem sich die Probleme der Welt lösen lassen. Jesus ist kein weltfremder Idealist, sondern ein praktischer Realist.«[111] Nur die Liebe kann Frieden stiften. »Hass kann den Hass nicht austreiben. Das gelingt nur der Liebe. Hass vervielfältigt den Hass, Gewalt mehr Gewalt, Härte vergrößert Härte in einer ständigen Spirale der Vernichtung« (ebd. 66). Der Hass zerstört nicht nur das Miteinander, er schadet auch dem Menschen: »Wie ein Krebsgeschwür zerfrisst der Hass die Persönlichkeit und ihre Lebenskräfte. Der Hass zerstört den Sinn für menschliche Werte und die Objektivität. Er bringt den Menschen dazu, das Schöne als hässlich, das Hässliche als schön und das Wahre als falsch zu sehen« (ebd. 67). Es sind Worte, die auch heute noch Geltung haben. Wir sehnen uns auch in unserer Zeit nach Menschen, die mit solcher Fantasie und zugleich Kraft und Konsequenz Frieden schaffen wie Martin Luther King.

Frieden stiften ist eine Herausforderung an uns. Ahmad Milad Karimi betont immer wieder, dass der Islam den Auftrag und die Pflicht bedeuten, »sich für die Friedensstiftung einzusetzen«. Im Christentum wie im Islam gab und gibt es immer wieder Menschen, die dies unter Gefährdung ihres eigenen Lebens tun. Ahmad Milad Karimi spricht vom *Jihād*, vom geistlichen

Kampf. Es ist ein Begriff, den auch Benedikt kennt, wenn er vom Mönch verlangt, dass er »Kriegsdienst für Christus« leistet. Damit meint Benedikt aber keinen Kampf gegen Menschen, sondern einen Kampf gegen die Leidenschaften, damit der Friede Christi den ganzen Menschen erfasst. Der Kriegsdienst besteht für Benedikt darin: »Bewahre deine Zunge vor Bösem und deine Lippen vor falscher Rede! Meide das Böse und tu das Gute; suche den Frieden und jage ihm nach!«[112]

7

Frieden sein - ein Dialog

Welche Fragen sind offengeblieben?
Welche Fragen haben sich aus dem Dialog ergeben?

AHMAD MILAD KARIMI

Was mich beeindruckt hat: Dieser Dialog hat unter anderem dazu geführt, dass wir Gemeinsames erkennen konnten, nämlich, dass es so etwas wie eine Notwendigkeit des Friedens gibt. Die tiefere Auseinandersetzung mit den spirituellen Traditionen hat uns dann in einer ganz anderen Weise miteinander in eine gewisse Gemeinsamkeit hineingebracht und uns gezeigt, dass wir zueinander gehören und füreinander da sind. Wir haben erkannt, dass so etwas wie ein gläubiges spirituelles Leben – ob christlich oder islamisch – in gewisser Weise den Frieden als Aufgabe und Auftrag versteht, mit allen Facetten und der Vielfalt der Ideen zum Frieden, die sich unterschiedlich gestalten und begründen lassen, aber dennoch den Menschen im Mittelpunkt der Verantwortung sehen. Das trägt den Menschen und lässt den Frieden als etwas kulturell Erfüllendes erkennen.

ANSELM GRÜN

Das war für mich auch eine wichtige Einsicht: dass der Frieden vor allem eine spirituelle Aufgabe ist. Wenn man in die Bibel schaut: Zur Zeit Jesu herrschte der »Friedenskaiser« Augustus, aber dieser Friede war militärischer Natur, also ein aufgezwungener Friede. Der Friede, der von und durch Jesus kommt, ist anders. Der Friede, um den es im Islam geht, ist ebenfalls ein spiritueller Friede. Er hat tiefere Wurzeln als nur eine Friedensverhandlung. Schaut man auf heute, so wären Gespräche oder Verhandlungen zwischen der Ukraine und Russland eben auch eine Friedensverhandlung, aber deshalb könnte man noch lange nicht darauf vertrauen, dass daraus Frieden entsteht. Deswegen braucht der Friede diese spirituelle, religiöse Grundlegung, damit er wirklich dauerhaft wird.

AHMAD MILAD KARIMI

Wenn wir die Ergebnisse davon fassen wollen, wie wir uns – aus unterschiedlichen Perspektiven – mit dem Frieden auseinandergesetzt haben, dann mag sich das sehr ähnlich anhören. Aber die unterschiedlichen Begründungen fand ich sehr bewegend. Dass es zum Beispiel wichtig ist, in Frieden mit der Natur zu leben, aber das aus christlicher Sicht ganz anders begründet wird als aus islamischer Sicht. Diese Begründung ist nicht einfach ein Design oder Kosmetik, sondern das gehört zum jeweiligen Geschmack des Friedens. Der Frieden »schmeckt« eben christlich anders, wenn die Liebe Jesu im eigenen Leben eine große Rolle spielt und man das lebt und dann in den Gedanken des Friedens übersetzt. Wir sehen also zum einen eine Gemeinsamkeit. Auf der anderen Seite sehen wir ein Desiderat in der Friedensdiskussion. Ein spiritueller Zugang kann dazu beitragen, hier eine Antwort zu finden oder eine mögliche Lösung anzubieten.

ANSELM GRÜN

Mich hat fasziniert, dass im Islam der Frieden ein so wichtiges Thema ist. In der öffentlichen Diskussion geht es immer um den *Jihād*, der häufig als das Gegenteil von Frieden verstanden wird. In der christlichen Tradition gibt es jedoch auch den Begriff und die Tradition des »Militärdienstes für Christus« (*milites Christi*). Damit ist jedoch nichts tatsächlich Militärisches gemeint. *Milites Christi*, das ist einer, der mit den eigenen Leidenschaften, mit Tendenzen kämpft, die den Menschen hindern, wirklich in Frieden zu leben. Und dieser Kampfausdruck gehört zum Leben. Es geht dabei aber nicht um einen Kampf gegen jemanden, gegen Menschen. Der islamische Begriff *Jihād* versteht sich genau auf diese Weise: Es geht um einen spirituellen Kampf. Das ist, glaube ich, ganz wichtig. Im Mittelpunkt steht nicht ein Kampf gegen Andersgläubige, sondern gegen die Tendenzen in der eigenen Seele.

Im Menschen sind die Aggressionen als Grundtrieb jedoch angelegt. Hilft dann aber die Religion, diese Aggressionen zu bewältigen, damit besser umzugehen, oder stimuliert sie diesen Trieb gerade?

ANSELM GRÜN

Das ist eine wichtige Frage, denn in der Realität erleben wir, dass sowohl im Islam wie im Christentum aggressive Tendenzen zu beobachten sind. Im christlichen Bereich findet man dies häufig in fundamentalistischen Zusammenhängen. Ein Psychologe meinte einmal: Dort, wo die asketischen Themen zu stark sind, zeigt sich häufig Aggressivität gegenüber anderen Menschen oder anderen Meinungen. In der Tradition der Mönche geht es ähnlich wie im Islam jedoch darum, die Aggressionen wahrzunehmen, sie anzuschauen, sie nicht zu unterdrücken. Wer sie unterdrückt, lebt sie auf andere Weise aus. Aggressionen sind nicht grundsätzlich schlecht, sie gehören zum Menschen und haben die Aufgabe, sich abzugrenzen. Im Neuen Testament heißt es, dass Jesus die Pharisäer »voll Zorn und voll Trauer« ansah. Zorn meint also nicht, dass er sie anschreit, sondern dass er deutlich macht: Da bist du mit deiner Haltung, mit dem harten Herzen. Wer bin ich dagegen? Ich tue das, was ich von Gott her für richtig halte. Trauer meint dagegen mitfühlen: Ich bin bereit, dir die Hand zu reichen. Ich möchte also durchaus mit dir Verbindung aufnehmen, aber nicht um jeden Preis. Aggression meint erst einmal, dass ich die negative Haltung des anderen nicht in mich eindringen lassen, dass ich mich abgrenze. Zudem ist Aggression eine Kraft, die mich dazu befähigt, etwas anzupacken, eine gute Lösung zu finden, zum Beispiel Frieden zu schaffen und nicht einfach Opfer zu sein und passiv zu bleiben.

AHMAD MILAD KARIMI

Ich nehme diese Frage auch ernst, denn wo Glauben lebt, da ist auch Feuer. Das Problem ist, dass dieses Feuer nicht nur uns selbst, sondern auch andere verbrennen kann, sodass wir heute wie in der Vergangenheit mit Menschen zu tun haben, die bereit sind, für Gott, für ihre Liebe zu ihm anderen Gewalt anzutun. Denn, so die problematische Sicht, was ist schon wert, dass es nicht zugrunde geht, wenn ich auf dem Weg Gottes voranschreite? Ich glaube, dass Religionen in dieser Hinsicht etwas Ambivalentes in sich tragen, also nicht nur Mut zum Frieden vermitteln, sondern auch die Aggression verstärken, im Namen eines größeren Guts. Das wird nach meiner Ansicht gerade im

Namen des Islams häufig so vertreten. Zum Beispiel bei Fundamentalisten und Extremisten, die Aggressoren sind. Sie tun das, was sie tun, nicht, weil sie denken, es gibt keinen Gott, sondern ganz im Gegenteil, weil sie glauben, sie verwirklichen seinen Willen, seinen Auftrag. Sie müssen andere bedrohen oder töten, ihnen Gewalt antun, weil diese nicht auf dieselbe Weise glauben wie sie. Sie denken, es wäre für sie besser, zu sterben, als weiterzuleben. Diese Form des Denkens ist grundlegend von Selbsterhöhung geprägt, von einem Brand, bei dem auch die eigene Demut mit verbrennt. Die Einsicht, dass wir immer in Berührung mit unserer eigenen Unwissenheit leben müssen, ist bei diesen Menschen nicht mehr vorhanden, sie ist verbrannt. Stattdessen leben sie ihren Eigensinn, den sie zum universalen Willen Gottes erklären. Um diesen Wirklichkeit werden zu lassen, ist alles wert, dass es zugrunde geht. Diese nihilistische Form, dass alles nichts wert ist, keine Bewahrung verdient, wenn es nicht so ist, wie ich es mir vorstelle, das ist etwas, worauf wir uns vor allem religiös sensibilisieren müssen. Das heißt, wir brauchen eine religionskritische Religiosität, die gerade in Friedensbotschaften ihren Ausdruck finden sollte.

ANSELM GRÜN

Wichtig ist dabei zu bedenken, dass zur Religion immer zwei Pole gehören: Glaube und Zweifel. Diese beiden Pole trägt jeder Mensch in sich. Wenn wir jedoch den Zweifel einfach verdrängen, dann werden wir aggressiv. Dann müssen wir die, die anders denken, töten oder bekämpfen. Der Zweifel ist aber extrem wichtig für den Glauben, weil er mich immer wieder zwingt, mich vor meinem Verstand zu rechtfertigen, mich zu fragen: Wie kann ich den Glauben und das, was ich glaube, verstehen? Andersdenkende berühren meinen Zweifel. Wenn ich den Zweifel zulasse, aber trotzdem glaube, ist es ein lebendiger

Glaube. Wenn ich aber Angst vor dem Zweifel habe, dann muss ich die Andersdenkenden töten oder bekämpfen.

AHMAD MILAD KARIMI

Ich möchte es sogar noch anders formulieren und sagen: Man muss die Aggression eigentlich verdoppeln. Wir brauchen nämlich Aggressionen gegenüber unserer Aggression. Deswegen ist immer von einem Kampf gegen die Triebseele die Rede, auch schon in der klassischen Literatur der islamischen Spiritualität. Man soll also das, was man spürt, nicht einfach hinnehmen oder tun, was immer der Trieb einem vorschreibt, sondern man muss ihn bekämpfen. Das heißt, ich muss eine andere Haltung dazu haben, indem ich nicht meiner Aggression nachgehe, sondern die Aggression gegen meine Aggression richte. Darin wird ein Ergebnis unseres Dialogs deutlich, dass nämlich Frieden auch dort aufscheint, wo wir in gewisser Weise in Distanz zu uns selbst gehen. Diese Distanz schafft einen Raum zum Atmen. Das meint: Ich bin nicht übergriffig, ich komme anderen nicht zu nahe, sondern halte Abstand, um ihnen überhaupt zuhören, sie anschauen, sie erleben zu können. Wenn wir diesen Abstand, diese Distanz tilgen, wenn der andere uns zu nahe kommt, dann entschwindet auch in gewisser Weise der Sinn für Frieden. Denn Frieden heißt, dem anderen und anderem Raum zu geben.

ANSELM GRÜN

Die Mönche verstehen das Kämpfen nicht als totales Niederkämpfen, sondern als Ringen mit dem Feind. Das Ziel des Kampfes ist, sagen zu können: Am Ende werde ich bewährter sein. Ein schönes Beispiel in diesem Zusammenhang ist die alttestamentliche Geschichte von Jakob, der mit dem »dunklen Mann« oder dem Engel ringt, der ihn am Ende segnet. Keiner vernichtet den anderen, sondern man kämpft miteinander, weil man verschieden denkt. Aber man gewinnt daraus Stärke und eine neue Einsicht. Die Mönche sagen: Nimm von den Leidenschaften und gib ihnen, dann werden sie dich bewährter machen. Bekämpfen heißt also nicht vernichten.

AHMAD MILAD KARIMI

Das ist schön, weil ich glaube, dass ich mir diesen Begriff angeeignet habe im Gespräch mit Ihnen. Im Grunde genommen wird der Kampf hier als ein Akt der Verwandlung verstanden. Wir verwandeln, wir wandeln Dinge um, Geschichten dazu finden sich sowohl im Koran wie in der Bibel. Mir fällt dazu die Geschichte von Josef ein. Er hat mit Menschen zu tun, die Schlechtes im Sinn haben, aber er bekämpft sie nicht. Doch seine Art, damit umzugehen, verwandelt die Gesinnung seiner Brüder. Sie erkennen auf einmal, dass ihr Tun falsch war, und können Josef das auch so eingestehen. Josef hat sie nicht einfach bekämpft, sondern zum Gerechten und Guten, zur Wahrhaftigkeit inspiriert, wodurch er sie verwandelt hat. Ich glaube, das ist der Unterschied im Habitus der Religionen im Gegensatz zu anderen Geisteshaltungen oder Theorien, die immer den Kampf als eine Art von Tilgung betrachten. Straftäter werden beispielsweise ins Gefängnis gesteckt, weil man sie genau dort haben will. Religiöse Gesinnung ihnen gegenüber walten zu lassen, würde bedeuten, sie nicht einfach wegzusperren, sondern alles daran zu setzen, dass sie sich verwandeln. Denn letztlich glauben wir als Gläubige an das Gute und daran, dass sich alles verwandeln kann in der Gegenwart und der Liebe Gottes. Daher ist es heute auch so notwendig, dass Religion eine zentrale Rolle spielt und nicht einfach »Beiwerk« ist, weil sie für ein größeres Gut steht. Diese Haltung geht immer mehr verloren, weil wir schnell etwas erreichen wollen, indem wir das Schlechte oder das, was in der Aggression sichtbar und fühlbar wird, durch Wegsperren erledigen wollen. Beziehungen gehen auseinander, weil wir keine Lust mehr haben zu kämpfen, weil wir denken: Der andere nervt mich, passt mir nicht, deswegen trenne ich mich von ihm. Sich damit jedoch auseinanderzusetzen und es anzugehen, das ist, was Religion ausmacht.

ANSELM GRÜN

Das gilt auch im Umgang miteinander. Wenn ein Volk das andere vernichten will, wenn es total besiegt wird, wird der Verlierer sich nie damit zufriedengeben, sondern immer auf seine Chance lauern, ebenfalls zu siegen. Daraus entsteht ein ewiger Kampf. Daher ist Versöhnung – ein wesentlicher Aspekt von Frieden – auch so entscheidend. Friedensverhandlungen allein schaffen noch keine Versöhnung, sondern es braucht dazu eine entsprechende innere Haltung, die zum Beispiel in den Religionen zum Ausdruck kommt. Im heutigen gesellschaftlichen Miteinander fehlen häufig Werte oder Haltungen wie Gnade, Vergebung, Mitmenschlichkeit oder Mitgefühl. Das sind alles religiöse Werte, die an vielen Stellen verlorengegangen sind oder nicht mehr gelernt werden.

AHMAD MILAD KARIMI

Das bedeutet auch: Selbst wenn wir mit einem Aggressor zu tun haben, den wir eigentlich zutiefst hassen müssten, weil er schlecht ist und andere verletzt, ihnen Gewalt antut, wäre der religiöse Blick auf diesen Menschen ein mitleidender. Ich leide nicht nur mit dem Opfer, sondern ich leide genauso mit dem Täter, denn ich sehe auch sein Leid. Das ist etwas, was den anderen nicht ausschließt. Diese umfassende Liebe, die man im Christlichen mit Jesus identifizieren kann, wird in seinem Verhalten deutlich: Er umarmt jeden, geht zu jedem. Er ist der Arzt, der zum Kranken hingeht und ihn nicht krank sein lässt, sondern ihn heilt. Vielleicht ist der verborgene Name des Friedens auch Heilung.

ANSELM GRÜN

Da gibt es in der Bibel diese Geschichte von Zachäus, den alle anderen ablehnen, weil er Schlechtes tut. Jesus aber wertet nicht, weder sein Verhalten noch ihn selbst als Person. Eine Bedingung, dass Friede entstehen kann, ist, nicht zu bewerten. Jesus schaut ihn an und spricht ihn an, aber ohne einen Vorwurf. Er sagt einfach:»Ich möchte heute Gast sein bei dir.« Das verwandelt Zachäus. Ich denke, um diese Art der Verwandlung geht es auch im Kampf miteinander: dass nämlich alle Beteiligten verwandelt werden.

Ist der Wunsch nach Frieden eine Utopie? Was müssen wir tun, um den Frieden zu erhalten? Und wie kann man das aus Ihrer Sicht vielleicht noch besser gestalten?

AHMAD MILAD KARIMI

Ich glaube, dass der Frieden in gewisser Weise die Fragilität des Menschen widerspiegelt. Frieden ist zerbrechlich. Wir können nicht über ihn verfügen. Frieden ist immer eine Sehnsucht, eine Erzählung von morgen. Etwas, was wir nie erreichen, das Unabschließbare. Frieden »schaffen« wir in diesem Sinn auch nicht. Wir sind immer auf dem Weg des Friedens, weil der andere immer der andere bleibt. Aber mit dieser Andersheit müssen wir ringen. Gerade in der Liebe erkennen wir das am deutlichsten, wenn wir den anderen, den wir lieben, verschlingen wollen, weil wir ihn ganz und gar »lieben«, aber das geht nicht. Denn dadurch verkehren wir Liebe in Besitz. Vielleicht ist der Glaube an Gott gerade eine Übung darin, zu wissen, wie wir mit dem Unverfügbaren umgehen und um die eigene Zerbrechlichkeit zu wissen. Und auch eine Übung für eine Gesellschaft, die in den letzten Jahrzehnten friedensmüde, friedensvergessen war, weil Krieg immer anderswo stattfand. Doch Kriege finden nicht nur im Außen statt, sondern auch im Innen und werden greifbar in psychischen Problemen, in Selbsthass und Optimierungswahn sowie schönheitschirurgischer Omnipräsenz in der ganzen Gesellschaft. Nichts scheint gut genug, alles folgt nur einem utopischen Ideal. Wenn man so will, sind das subtile Formen des Unfriedens, und ich glaube, dass Religionen oder spirituelle Wege hier heilsam hineinwirken können, weil sie mit einer tiefen Gelassenheit in den Menschen hineinblicken.

ANSELM GRÜN

Heil sein bedeutet ja »ganz« zu sein. Wenn ich ganz bin, also all das, was in mir ist, annehmen kann, weil ich von Gott angenommen bin, dann bin ich im Frieden mit mir und mit meiner Umwelt. Die große Gefahr ist aber, dass Menschen gespalten sind. In unserer Gesellschaft erleben wir, dass in vielen Bereichen Spaltungstendenzen zu erkennen sind, weil Menschen in sich gespalten sind. Das schlägt sich auch darin nieder, wie man über andere spricht oder mit anderen spricht beziehungsweise ob man es überhaupt schafft, ihnen zuzuhören, ohne gleich zu verurteilen oder dagegen zu sein. Friedensarbeit bedeutet, auf die Sprache zu achten, auf das Hören zu achten, nicht zu bewerten und den anderen als Spiegel für sich selbst zu sehen, die eigene Meinung nicht absolut zu setzen. Friedensarbeit bedeutet, um einen modernen Begriff zu nutzen, Ambiguitätstoleranz, also damit leben zu lernen, dass es verschiedene Ansichten und Perspektiven gibt. Das ist ein Lernprozess, und in diesem haben die Religionen, glaube ich, die wichtige Aufgabe, Erziehungsarbeit zu leisten.

Ich sehe da ein gesamtgesellschaftliches Problem, weil wir Frieden erwarten, aber eigentlich kaum etwas dafür tun. Ich frage mich: Wo lernen Menschen heute, wie Frieden überhaupt geht? Frieden ist kein Schulfach, sondern wird nebenbei in Geschichte behandelt, wenn wir über Kriege reden und über Friedensverhandlungen. Vielleicht kommt es im Fach Deutsch, in Zusammenhang mit Literatur vor, aber nicht als ein eigenes Thema, als Unterweisung in der Kultivierung des Friedens und der Erziehung zum Frieden. Ich finde, wir brauchen das notwendigerweise. In den Schulen haben wir das Thema sozusagen outgesourct an Mediatoren, wir haben es aus der Erziehung aussortiert. Es reicht eben nicht, auf dem Pausenhof darauf zu achten, dass Kinder sich nicht gegenseitig Gewalt antun. Sie werden nicht lernen, wie sie mit ihren Aggressionen, mit ihren Gewaltfantasien, mit all dem umzugehen haben und wie sie Frieden stiften können. Denn Frieden schließt man immer mit dem Feind und nicht mit dem Freund. Das heißt, wir müssen uns bewusst machen, was es heißt, dass man den anderen als Feind betrachtet und worin diese Feindschaft eigentlich besteht.

ANSELM GRÜN

Für die Germanen gehörten Friede, Freundschaft und Freiheit zusammen. Allerdings verstand man es so, dass man in den eigenen Reihen, im eigenen Volk oder Stamm »befriedet« war, aber gegenüber jenen, die nicht dazugehörten, war man feindlich gesinnt. Das gilt heute oft noch immer, denn im Freundeskreis versuchen wir, miteinander im Frieden zu sein. Gegenüber anderen, Fremden jedoch sind wir feindlich oder zumindest ablehnend gesinnt. Der christliche Friede und der religiöse Friede überhaupt gilt jedoch auch gegenüber dem Feind, gegenüber dem, der anders denkt als man selbst.

Übertragen bedeutet das: Wo wir Freunde werden, ist Friede. Aber natürlich müssen wir auch lernen, den Freund anzunehmen, selbst wenn es Konflikte gibt. Das lateinische Wort für Frieden, *pax*, hat seine Wurzel in der Bedeutung von »Verhandlung«, »Gespräche führen«, »mit dem anderen sprechen«. Zum Sprechen gehören das Hören und der Versuch, den anderen zu verstehen, zu begreifen, was der andere denkt. Dann wird Frieden möglich.

AHMAD MILAD KARIMI

Man könnte das Freundschaftskonzept, Friedenskonzept auch missverstehen, wenn man glaubt: Befreundet bin ich dann, wenn ich alles akzeptiere, was der andere denkt oder tut. Denn weil wir ja Freunde sind, stehe ich immer hinter ihm. Aber das ist ein falscher oder falsch verstandener Begriff von Freundschaft. Freundin, Freund ist auch derjenige, der einem sagt, was schiefläuft, was nicht in Ordnung ist. Der andere lehnt uns ja nicht als ganze Person ab, sondern das, was in uns verankert ist und uns zu Unfrieden und Gewalt anstiftet. Ich glaube, das ist eine Form, unbequem zu sein, genau so sein zu dürfen und ertragen zu können, dass ich jemanden habe, der mir unverblümt undiplomatisch sagt, was gut und was nicht gut ist. Das ist tragend für ein Miteinander.

ANSELM GRÜN

Ein weiteres wichtiges Thema in Bezug auf Frieden ist das Thema Gerechtigkeit. In der Bibel findet sich der Satz: »Wer Gerechtigkeit sät, wird Frieden ernten«. Ich erlebe in der Begleitung von Menschen und in Führungsseminaren häufig, dass Menschen mir sagen: Wenn in einem Unternehmen ungerechte Strukturen herrschen, dann gibt es keinen Frieden zwischen den Arbeitenden. Und das gilt natürlich auch zwischen Völkern. Die meisten Feindschaften rühren daher, dass objektiv Ungerechtigkeit herrscht oder dass man sich ungerecht behandelt oder vernachlässigt fühlt. Insofern ist Gerechtigkeit die Grundlage von Frieden. Jesus sagt jedoch auch: »Selig, die hungern und dürsten nach der Gerechtigkeit.« Es gibt keine absolute Gerechtigkeit. Gerechtigkeitsfanatiker wie die Figur des Michael Kohlhaas werden dann selbst zum Mörder, zum Ungerechten in Person.

AHMAD MILAD KARIMI

In der Tat stellt Gerechtigkeit in gewisser Weise das Fundament dar, dass überhaupt Frieden entstehen kann. Frieden entsteht dort, wo wir auf dem Boden der Gerechtigkeit stehen, sie jedoch auch überwinden, zum Beispiel, indem sie sich in Barmherzigkeit verwandelt. Denn Vergeben ist immer etwas Ungerechtes, also eine Form von: Sie sind nicht gut zu mir und ich vergebe ihnen trotzdem. Eigentlich müsste ich genau dasselbe tun. Aber gerade daraus entsteht kein Frieden, sondern immer dann, wenn ich um die Gerechtigkeit weiß, aber die Größe besitze, sie zu überwinden. Das meint nicht, dass ich alles ertrage, alles erdulde, sondern ich vergebe, indem ich dem anderen zeige, dass es eine bessere Möglichkeit gibt. Das gilt auch für uns selbst: Wir wissen häufig, dass etwas, das wir getan haben, nicht gut war. Indem wir nicht auf Gerechtigkeit pochen, sondern barmherzig mit uns sind, uns selbst verzeihen und einen Weg aufzeigen, es besser zu machen, kommen wir in Frieden mit uns selbst. Barmherzigkeit ist also nichts, das wir von anderen fordern. Es ist etwas zutiefst Existenzielles, das wir in uns selbst anwenden müssen.

Vergebung ist sicher wichtig. Ich erlebe viele Menschen, die sich selbst nicht vergeben können, also nicht nur bei einem Fehler, den sie machen, sondern auch wenn sie sich blamieren oder nach außen hin schwach erscheinen. Das ist dann ein Kampf gegen sich selbst. Sich selbst und anderen zu vergeben ist eine Bedingung, in Frieden leben zu können.

AHMAD MILAD KARIMI

Wichtig ist aber auch, dass man – von der Opferseite her betrachtet – das Unrecht sichtbar macht. Ohne das kann Friede nicht werden. Wenn man zum Beispiel nach einem offensichtlichen Unrecht oder, schlimmer noch, nach einem Verbrechen wie einem Genozid versucht, das Geschehene unter den Teppich zu kehren oder sagt, es müsse jetzt nach all der Zeit auch einmal gut sein mit dem Erinnern an das Unrecht, wird das nicht funktionieren. Vergebung kann nur freiwillig geschehen, dann, wenn man Opfern die Chance gibt, eben doch Gerechtigkeit zu bekommen, oder wenn das Unrecht anerkannt wird. Ein Beispiel wäre das, was gerade mit den Uiguren in China passiert. Oder dass die serbischen Nationalisten bis heute nicht anerkennen, dass in ihrem Land ein Genozid stattfand. Dann kann man von den Betroffenen und ihren Nachfahren auch nicht erwarten, dass sie zustimmen, wenn man sagt: »Ihr müsst doch euren Feinden nun endlich mal vergeben.« Vergebung kann kein Diktat von außen sein. Stattdessen muss die Ungerechtigkeit sichtbar gemacht und von beiden Seiten anerkannt werden. Dann kann sie sich in Versöhnung umwandeln.

ANSELM GRÜN

Der Sozialphilosoph Max Horkheimer sagte, ein Grundsatz der Gerechtigkeit sei, dass die Täter nicht über die Opfer triumphieren dürfen. Die Haltung der Täter muss sich also ändern, sonst kann man von den Opfern nicht erwarten, dass sie vergeben. Ich muss als Opfer gewürdigt werden. Es ist jedoch auch wichtig, nicht in der Opferrolle zu verharren. Doch das gelingt nur, wenn der Täter seine Schuld einsieht. Vergeben kann ich zwar allein, aber zur Versöhnung braucht man den anderen. Und in Bezug auf den Frieden braucht es dazu auch die gesellschaftliche Dimension. Versöhnung funktioniert nur, wenn alle daran teilnehmen oder die Möglichkeit haben, daran teilzunehmen.

Wie können Religionen zum Frieden in der Gesellschaft beitragen? Und was ist ihre Aufgabe?

AHMAD MILAD KARIMI

Wir können zum Frieden beitragen, indem wir unsere eigene Aufgabe erkennen und fragen: Welchen Sinn erfüllt Religiosität überhaupt? Das ist eine grundsätzliche Frage, weil wir es uns in vieler Hinsicht bequem gemacht haben in unserer eigenen »Bubble«, weil wir uns an unseren eigenen Orten verstecken, in einem religiösen Jargon reden, mit Menschen im Gespräch sind, die uns ohne weitere Erklärung verstehen. Da haben wir vielleicht ein Stück weit den Bezug verloren, über das zu sprechen, was Religionen oder spirituelle Wege in unserem Sinn zu Leuchtkräften des Friedens gemacht hat. Wenn ich in einer Stadt bin und sehe dort eine Kirche, dann ist das nicht einfach ein Gebäude neben vielen anderen, sondern das ist auch ein Ort des Friedens. Sie hat Anziehungskraft, und ich weiß, wenn ich dort bin, ist etwas anders an diesem Ort, da geschieht eine andere Form von Menschlichkeit. Wenn wir diese Offenheit der religiösen Orte weiterhin gestalten, ohne die Probleme zu verschweigen, die diese Orte und ihre Traditionen mit sich bringen – Missbrauchsfälle, Hasspredigten, ideologisch-dogma-

tische Ideen, Ungleichheit, Terror, Gewalt –, das wäre Friedensarbeit im besten Sinn.

Hat Religion nicht auch die Aufgabe, Werte wie Vergebung,
Mitmenschlichkeit, Dankbarkeit, Gerechtigkeit wieder als
Haltung in die Gesellschaft zu tragen?

ANSELM GRÜN

Glaube oder Religion bedeutet für mich vor allem eine neue
Sichtweise: dass ich den anderen eben nicht sehe als den, der
nur eine andere Meinung hat. Als Sohn oder Tochter Gottes
oder als ein Mensch, in dem etwas Göttliches wohnt, bin ich
mit dafür verantwortlich, in jedem Gegenüber Christus zu sehen, also seinen guten Kern. Das ist die Voraussetzung, dass wir
einander nicht festlegen auf unsere Vorurteile. Wie können wir
das vermitteln?

Ich höre immer wieder Menschen, die erstaunt fragen: »Was, du
bist noch in der Kirche?« Die Entfremdung vom Religiösen ist
sehr stark in unserer Gesellschaft. Das gilt für alle traditionel-
len Religionen, davon sind also Christentum wie Islam gleich
betroffen. Es gibt viele Fromme, aber noch mehr Menschen,
die nur noch auf dem Papier Gläubige sind. Wir werden nicht
alle wieder zu frommen Muslimen und zu frommen Christen
machen können und wollen, aber wie können wir die religiösen
Werte in der Gesellschaft verkünden? Mit Selbstvertrauen und
mit Hoffnung und nicht mit Entschuldigungen, dass wir (noch)
religiös sind.

AHMAD MILAD KARIMI

Eine Frucht aus unserem Gespräch war für mich die Einsicht,
dass der Frieden als Begriff nicht leer ist, sondern mit Wer-

ten gefüllt. Es gibt mehrere Werte, die gelten, die uns in ihrer Dringlichkeit bewusst sein und die gewahrt werden müssen, damit man überhaupt von Frieden reden kann. So etwas wie Liebe kann durchaus zum Frieden führen, aber das ist nur eine Form des Friedens. Wir können über die Liebe predigen und von ihr reden. Das bleibt aber dann abstrakt. Doch in dem Moment, in dem die Liebe sich in Frieden verwandelt, indem sie sozusagen nahbar, fühlbar wird, wird genau diese Urbotschaft der Religionen bedeutsam für eine plurale Gesellschaft. In dieser Pluralität bleibt die Religion ein Ort der Echtheit, der Demut. Ein Ort, an dem man sich nicht korrumpieren lässt, wie man es im Augenblick beispielsweise bei einigen Vertretern der orthodoxen Kirche beobachten kann, die sich in den Dienst Putins stellen, aber immer wieder auch in muslimischen oder christlichen Organisationen, die oft eigene oder machtpolitische Ziele verfolgen und längst nicht immer im Dienst der armen oder diskriminierten Menschen oder der Nächstenliebe stehen. Das ist in keiner Weise hinnehmbar. Und das macht auch den Glauben insgesamt ein Stück weit unglaubwürdig, weil wir sehen, dass im Namen der Religion das Gegenteil von Friedenschaffen geschieht.

ANSELM GRÜN

Die Frage ist: Warum geschieht das im Namen der Religion? Die Antwort lautet: Angst. Islamische Terroristen glauben an Gott und meinen, ihm einen Gefallen zu tun. Sie haben Angst, dass ihr Glaube untergeht, wenn sie ihn nicht mit Waffengewalt verteidigen und andere zur Umkehr zwingen – oder eben töten. Andere haben Angst vor westlichen Werten, die ihre eigene Art zu leben scheinbar bedrohen. Doch das ist eigentlich als Ausdruck eines schwachen Glaubens zu sehen. Man möchte etwas verteidigen, weil man eigentlich nicht fest genug im Glauben steht und Angst hat, dass er verlorengeht, wenn er nicht genau so, wie er ist, weiterbesteht und für alle gilt.

Glaube wird in dieser Hinsicht auch häufig missbraucht zu eigenen Zwecken. So ist die AfD als rechte Partei gegen den Islam an sich und für christliche Werte. Die meisten Mitglieder oder Sympathisanten der Partei können nicht einmal das Vaterunser beten. Sie stehen nicht im Glauben, möchten aber mit den Werten des Glaubens einen anderen bekämpfen, obwohl sie keine Wurzeln in diesem Glauben haben. Und so wird etwas, das an sich wertvoll ist, zu einem ideologischen Instrument.

AHMAD MILAD KARIMI

Ich glaube, dass diese Werte, die als westliche, europäische, christliche oder muslimische Werte propagiert werden, im Grunde genommen nichts anderes sind als zutiefst menschliche Werte. Wenn man einem Kind in Pakistan Gewalt antut, ist und bleibt das Gewalt, in welchem Kontext es auch immer steht. Wenn Frauen nicht selbstbestimmt über ihre Religion entscheiden können, dann ist das Gewalt. Und es ist vollkommen egal, ob das im Iran passiert, in Afghanistan oder in Deutschland. Für diese klare Haltung, für diese universellen Werte einzustehen und sie sozusagen nicht national, ethnisch, rassisch oder politisch zu instrumentalisieren oder zuzulassen, dass sie instrumentalisiert werden, ist eine Friedensfrage, die die Religionen gemeinsam beantworten müssen.

ANSELM GRÜN

Muslimische und christliche Werte bedienen sich vielleicht einer jeweils anderen Sprache, aber eigentlich sind sie identisch und fußen alle auf der griechischen Philosophie. Sie haben also beide die gleiche philosophische Grundlage.

Im Koran stellt sich Gott selbst als ein Gott der Menschen vor und sagt, dass er für seine Menschen da ist, dass er sie trägt und dass sie auf sein Vertrauen hin auch Vertrauen und Mut fassen können, für etwas zu leben, das so utopisch, so unwirklich, so verrückt klingt, nämlich Frieden, Liebe, Gerechtigkeit. Das sind Werte, die im kapitalistischen Alltag keine Bezugspunkte mehr sind, stattdessen geht es um Gewinnoptimierung, um Selbstdarstellung, um Show. Es geht um immer mehr und nie um weniger, beispielsweise Armut und das Menschliche, was aber inspirierend sein kann für einen Friedensweg, der mit Geist und Schönheit gefüllt und erfüllt sein muss.

Mehr haben zu wollen ist eine der wichtigen Ursachen von Kriegen. Es ging immer darum, seinen Herrschaftsbereich zu erweitern, ob nun als Adliger im mittelalterlichen Europa oder als Angehöriger eines Stammes. Immer stand im Vordergrund, andere zu erobern und ihren Lebensraum zu besetzen. Mehr haben zu wollen könnte aber doch auch bedeuten, mehr Menschen glücklich machen zu wollen. Oder mich dafür einzusetzen, dass es allen Menschen besser geht, ohne sie beherrschen zu wollen.

Man kann das auch noch etwas überspitzter religiös formulieren: Ich will doch Gott, sozusagen das Größte, was es gibt. Aber würde ich als gläubiger Mensch für diesen Weg, das Größte, die Nähe des Allergrößten, unübertrefflich Großen zu haben gegen meine eigene Frömmigkeit handeln? Also würde ich im Monat Ramadan doch vor Sonnenuntergang essen oder mein Gebet verpassen, wenn ich wüsste, dass ich dadurch einem anderen Menschen helfen würde? Ich bin verpflichtet, fünfmal am Tag zu beten und wenn ich es nicht tue, muss ich dafür geradestehen, weil ich Gott liebe und ihn mehr liebe als alles andere. Ich finde, es ist wichtig zu hören, dass die Religionen genau das nicht predigen. Es ist nicht das religiöse Narrativ zu sagen: Auf dem Weg zu Gott soll dir alles egal sein. Das ist ja kein Egotrip, sondern es geht darum, dass uns Gott im Verzicht, indem wir uns für den anderen gegen uns selbst wenden, näher ist, als wenn wir meinen, dass wir mit »immer mehr« etwas erreichen. Ein Gedanke, der in der Spiritualität des Islams tief verankert ist und mich immer wieder berührt: dass unser Weg zu Gott nicht ohne Gott geht. Ich will Gott, aber so, dass er immer mein Begleiter ist, und ich gehe immer mit Gott, aber bleibe gleichzeitig auf der Suche nach Gott. In jedem Suchenden ist Gott ein Mitsuchender. Das ist ein anderer Blickwinkel, der Frieden schafft: im Angesicht des anderen einen Mitpilgernden zu sehen, der meinen Weg erfüllter gestaltet.

ANSELM GRÜN

Vielleicht noch zu einem anderen Aspekt von Frieden: Es gibt im Lukasevangelium die provozierende Rede Jesu: »Denkt nicht, ich sei gekommen, um Frieden zu bringen, sondern Spaltung.« Was er damit sagen möchte: Jeder muss sich erst auf die eigenen Füße stellen, dann kann er Frieden schließen mit dem anderen. In manchen Familien gibt es so etwas wie ein Familienskript, das die Denk- und Handlungsweisen genau vorschreibt oder deutlich macht, was in dieser Hinsicht richtig und falsch ist. Die Familienmitglieder denken nicht selbst, sondern übernehmen das Skript. Das passiert häufig auch in einer Gesellschaft. Und deswegen braucht Frieden die Selbstständigkeit, das Individuum, das auf eigenen Füßen steht und nicht einfach alles übernimmt, was die anderen sagen. Wenn ich auf eigenen Füßen stehe, kann ich den anderen in seiner Andersheit akzeptieren.

Das überzeugt mich, weil es berücksichtigt, dass der Weg zum anderen einer eigenen Öffnung bedarf. Ich muss so sozialisiert sein, dass ich im anderen noch etwas suche, ohne im Narrativ der eigenen Religion stecken zu bleiben. Ich glaube, dass die Religion uns nicht zu Muslimen oder Christen erzieht, sondern zu Menschen. Das ist wichtig, dass es nicht darum geht, mit bestimmten Etiketten durch die Welt zu laufen, sondern darauf zu schauen, was steckt darunter, wie sieht das »Gefäß« aus, auf dem das Etikett klebt? Das ist so schwer vermittelbar, weil es natürlich darum geht, dass ich ein Muslim bin und Sie ein Christenmensch sind. Aber das ist ja nicht einfach nur ein Name, sondern das hat eine Würde und einen Inhalt, der tiefer begründet ist als dieser Name es jemals sein kann. Zudem kann das für einen gesamtgesellschaftlichen Zusammenhang von Bedeutung sein.

ANSELM GRÜN

Was ich oben als Ausspruch Jesu zitiert habe in Bezug auf die Familie, das haben Sie jetzt auf die Religion übertragen. Und es gilt auch für gesellschaftliche Gruppen. Es gibt Menschen, die sagen: »Wir Deutsche denken so«, und dann ist kein Frieden möglich, weil man sich mit einer Meinung identifiziert. Auf der einen Seite gibt es ein Bedürfnis nach Zugehörigkeit, aber zugleich braucht es Selbstständigkeit. Wenn die Zugehörigkeit zum absoluten Wert wird, verschließt man sich in seiner Gruppe und bleibt in einer ablehnenden Haltung gegenüber anderen.

AHMAD MILAD KARIMI

Es geht also um die Mündigkeit Einzelner und nicht um eine Mündigkeit einer Gemeinschaft, in der man sich verlieren kann, weil man als Kopie des anderen lebt und nicht als man selbst mit seinen eigenen Schwächen und Unzulänglichkeiten und Erfahrungen. In einer solchen Gemeinschaft kann man sich auch hinter seinem Glauben verstecken, indem man sagt: »Ich bin eben Christ und da denkt man so und so.« Dann nutzt man das als Argument, um sich abzugrenzen oder mit anderen nicht mehr zu reden oder sich über Glaubensinhalte keine Gedanken mehr machen zu müssen.

Der Grund ist häufig der, dass Menschen dieses Selbstbewusstsein fehlt, sich zu öffnen. Denn das bedeutet, sich der Ungewissheit zu stellen. Beispielsweise nicht zu wissen, wie das Ende eines Gesprächs aussieht, bei dem man nicht die Kontrolle hat. Hier muss uns also eine grundsätzliche Offenheit tragen, aber auch das Wissen: Wir gehen miteinander nicht verloren, sondern wir werden nur erfüllter. Die Erkenntnis, dass es uns nichts nimmt, wenn wir von unseren eigenen Ideen und vorgefassten Meinungen erschüttert sind und wir sie daher verändern, das ist etwas, das in den vorangegangenen Texten immer deutlicher wird und über reine Friedensethik hinausgeht. Es geht nicht um ethische Konstruktionen, sondern um ein Desiderat, das einen positiven Begriff des Friedens prägen soll, weil es nicht einfach eine Utopie ist oder die Abwesenheit der Gewalt, sondern dazu inspiriert, dass wir im Einklang mit uns selbst sind oder in unserer eigenen Wahrheit ankommen, in Berührung und Geborgenheit mit Gott leben. Das sind andere Aspekte, die in Friedensdiskussionen oder in der Friedensforschung kaum Beachtung finden, weil man sie als rein religiöse Narrative betrachtet. Es liegt jetzt an uns, wie wir unsere Werte und Übungsfelder so öffnen und vermitteln, dass diese gesamtgesellschaftlich wahrgenommen werden, dass deutlich wird: Hier finden sich heilsame Schätze, die zu einem gelingenden Miteinander und »Grenzüberschreitungen« im besten Sinn beitragen können.

ANSELM GRÜN

Ich halte Vorträge für Unternehmen und mache Führungsseminare, so auch für eine große deutsche Lebensmittelkette, die über 170.000 Angestellte hat und darunter sehr viele Menschen aus unterschiedlichsten Kulturen. Ich habe gefragt: Wie funktioniert das Miteinander? Und sie haben offensichtlich einen guten Weg gefunden, alle mit einzubeziehen. Der Firmenchef ist sehr christlich orientiert und es ist ihm ein Anliegen, nicht nur wirtschaftlich zu denken, sodass das Unternehmen floriert, sondern dass die Mitarbeitenden sich gegenseitig achten, gut miteinander umgehen. Christen und Muslime haben die Aufgabe, diese Prozesse in der Gesellschaft anzustoßen und verändernd darauf hinzuwirken, wie in den Unternehmen, den Parteien, den Kommunen und in der gesamten Gesellschaft miteinander umgegangen wird.

AHMAD MILAD KARIMI

Wir müssen uns eingestehen, dass wir in einer Welt leben, die im Unfrieden ist. Für mich selbst ist es aber ebenfalls schwer zu sagen: Ich bin im Frieden mit mir selbst. Das bin ich eben nicht. Solange meine Mitmenschen keinen Frieden haben – mit sich selbst und in ihrem Land –, kann ich auch mit mir nicht im Frieden sein. Wie kann ich in einer Welt, in der Unfrieden das Beherrschende ist, überhaupt für den Frieden leben?

ANSELM GRÜN

Für mich ist die Hoffnung auf Frieden wichtig. Es herrscht kein Friede, viele sind nicht im Frieden mit sich, ebenso wie ich selbst es häufig nicht bin, aber wir alle haben die Hoffnung, in diesen Frieden zu kommen. Im Deutschen gibt es das Wort »Zufriedenheit« und das heißt genau das: zum Frieden kommen. Das meint: Ich bin nicht per se im Frieden, sondern er ist immer im

Kommen und von mir aus ist es ein Darauf-Zugehen. Was kann ich dazu beitragen, dass das Wirklichkeit wird? Meine Antwort: dass ich heute versuche offen zu sein, dass ich versuche, den anderen wahrzunehmen, ihn nicht nur durch meine Brille zu sehen, sondern neugierig bin auf ihn, ihn nicht bewerte und die Sehnsucht nach Frieden in ihm sehe.

AHMAD MILAD KARIMI

Ein weiterer Punkt wäre, die Unterschiede nicht immer als Gegensätze zu betrachten, denn das ist etwas, was uns in Unfrieden bringt. Nur weil die anderen anders sind, müssen sie nicht gegen mich sein oder mich in meiner Position ablehnen. Und: Sinn und Geschmack für den Frieden wachhalten, gerade dort, wo kein Frieden herrscht. Da können spirituelle Wege oder Religionen die letzte Hoffnung sein in einer düsteren, zynischen Welt, die immer kälter wird und Frieden nur als eine Art Waffenstillstand oder Illusion versteht.

Wie könnte das konkret aussehen? Haben Sie Ideen, wie man so etwas gesellschaftlich verankern könnte? Wo könnten Religionen aktiv werden?

ANSELM GRÜN

Ich denke, Begegnungen sind wichtig, dass wir miteinander ins Gespräch kommen, auch über kontroverse Themen. Das kann ein christlich-muslimischer Dialog sein, aber auch der Dialog mit allen anderen Religionen oder spirituellen Wegen und auch mit Menschen, die mit Religion zunächst gar nichts anfangen können. Wir können diese Gespräche nur anstoßen. Die Religionen haben in Deutschland nicht mehr die Macht wie früher. Aber wenn wir diesen Frieden anstoßen, den wir selbst vorleben, dann hat Glaube auch eine gesellschaftliche Auswirkung.

Wir müssen nicht nur Brücken zum Frieden bauen, sondern selbst zu Brücken des Friedens werden. Wir müssen anderen nicht nur die Hand reichen, sondern die gereichte Hand selbst sein. Wir müssen nicht nur vergeben und verzeihen, sondern selbst lebendige Zeugnisse der Vergebung sein. Brennen, wenn eine Synagoge brennt, und verfolgt sein, wenn Christen verfolgt werden, sodass Menschen anderer Religionen nicht sich selbst schützen müssen, sondern ich es als gläubiger Muslim als meine Pflicht empfinde, andere zu schützen, für Minderheiten eine Stimme zu sein, für die Verlorenen, für die Ausgegrenzten, für die Alten, für Arme, für Flüchtlinge. Ich meine: Wo sonst ist das Antlitz Jesu sichtbar, wenn nicht dort, wo Menschen nicht für sich sprechen können? Die Ambition dahinter darf aber nicht sein, zu beherrschen und sozusagen den Diskurs zu prägen, zu laut, »überpräsent« zu sein, sondern »unterpräsent« zu sein. Ich brauche keine große Moschee in Deutschland. Ich brauche Menschen, die selbst inspiriert sind, die offen sind, die etwas für ihre eigene Stadt und Region tun, von denen wir begeistert sind, dass es sie gibt, statt Angst vor ihnen zu haben, weil sie etwas »Fremdes« in unsere Gesellschaft einbringen.

Das alles braucht eine Grundhaltung und die soziale Absicherung, dass diese Menschen hier sein dürfen und das tun, was sie tun. Dann kann man neue Wege gehen, dann muss man nicht immer erneut erklären, warum der Islam nicht mit Gewalt gleichzusetzen ist und warum kein Gläubiger Ungläubige tötet und Juden und Christen hasst und warum Muslime nicht mit Selbstmordattentätern zu identifizieren sind. Denn das ermüdet, das frustriert.

Selbst wenn ich täte, was man von mir erwartet, wir kommen nicht weiter. Denn was hat die Gesellschaft davon, wenn ich auf die Straße gehe und sage: »Ich bin kein Selbstmordattentäter.« Wir brauchen Menschen, die Selbstmordattentäter in gütige Menschen verwandeln. Das bedeutet harte Arbeit. Man braucht Argumente, muss sich mit der Tradition befassen und andere kennenlernen, auf die zugehen, mit denen keiner spricht, weil sie vielleicht dialogunfähig geworden sind. Wenn wir beide hier einen Dialog führen, sind unsere Herzen offen füreinander, und dann kann das Gespräch gelingen. Doch wie kann es gelingen, mit jemandem zu reden, der nicht mit mir reden will? Ich glaube, dieses Bild ist im Christentum wie im Islam verankert, Jesus ist sozusagen auch mein Jesus, weil er zu den Kranken geht, zu den Ausgegrenzten, zu denen, die keine Stimme haben.

ANSELM GRÜN

Wenn Menschen nicht mit mir reden wollen, liegt der Grund oft darin, dass sie sich nicht gehört, nicht geachtet fühlen. Und das ist sicher unsere Aufgabe als Christen und Muslime, auf diese Menschen zu hören, damit sie gehört werden. Dann kann man vielleicht ins Gespräch kommen, ohne sie dabei gleich wieder überzeugen zu wollen. Allein, dass man im Gespräch ist, aufeinander hört – dann ist schon eine Art von Frieden da. Ich muss nicht gleich einen Vortrag halten und dem anderen sagen: »Ja, wir sind ja alle gleich und es gibt gar keine Unterschiede.« Das wäre unglaubwürdig und würde meinem Gegenüber wieder etwas überstülpen. Vielmehr geht es um das Achten derer, die ich nicht verstehe, die anders leben als ich und auf die ich trotzdem höre.

AHMAD MILAD KARIMI

Für mich wird darin wieder deutlich: Frieden heißt harte Arbeit, die auch frustrieren kann und einem manchmal das Gefühl gibt, das hat alles keinen Sinn. Daher brauchen wir Inspirationsquellen, die uns immer wieder erneut zu dieser Arbeit verpflichten, wie düster und unrealistisch das Unternehmen auch immer scheint. Ich denke an den Propheten Muhammad. In seiner Vita gibt es eine Geschichte, die deutlich macht, dass er es niemals zurückgab, wenn er beleidigt wurde. Stattdessen lächelte er und stimmte dem Beleidiger zu. Er wurde beispielsweise von einer Frau immer dann, wenn sie in traf, mit Müll beworfen und nahm das einfach hin. Und als er sie nicht mehr traf, war er besorgt und besuchte sie. Er fragte, was mit ihr los sei. Sie war natürlich verblüfft, weil er ihre Erwartung nicht erfüllte. Sie fragte ihn: »Warum besuchst du mich?« Und er antwortete sinngemäß: »Weil ich mir Sorgen gemacht habe, wo du bleibst.« Die Frau muss gedacht haben: Irgendetwas ist hier nicht normal. Welche Größe muss man haben, um so über sein eigenes Ego hinwegschauen zu können? Davon bin ich selbst weit entfernt. Aber ich weiß darum. Es ist eine Sehnsucht, in die ich mich einüben möchte. Es gibt aktuell mehr als zwanzig Länder, die sich gerade im Krieg befinden. In einer globalisierten Welt, in der alles miteinander zusammenhängt, können wir das einfach nicht ignorieren. Daher ist die Rede vom Frieden so dringlich.

ANSELM GRÜN

Das Tun, die Arbeit ist wichtig. Aber es gibt auch das Gebet für den Frieden, sowohl im Christentum wie im Islam. Im Benediktinischen wurde das immer in dem bekannten Satz »ora et labora – bete und arbeite« zusammengefasst. Solange wir beten, haben wir Hoffnung, dass sich irgendetwas wandelt. Gerade aktuell erfahren wir, dass jeder den Frieden in der Ukraine möchte und ersehnt und sich gleichzeitig als ohnmächtig erlebt, weil er dafür nichts oder nur sehr wenig tun kann. Doch auch das Beten ist eine Form von Aktivwerden. Dann muss ich trotzdem gleichzeitig überlegen, was ich selbst aktiv beitragen kann für diesen Frieden. Vielleicht bedeutet es, auf die, die sich nicht gehört fühlen, zu hören, sich ihnen zuzuwenden, sie zu fragen, wie es ihnen geht. Vielleicht auch zu fragen, warum sie so denken, wie sie es tun, und nicht gleich argumentativ dagegen zu arbeiten, sondern zu schauen, was das mit ihnen macht. Nicht bewerten, sondern neugierig sein auf jeden Menschen. Auch wenn er einem auf den ersten Blick unsympathisch vorkommt, weil er vielleicht hart oder fundamentalistisch geworden ist. Fundamentalismus ist immer von Angst geprägt. Von der Angst, zu versumpfen, oder der Angst, dass alles zusammenbricht. Wenn ich nicht dagegen argumentiere, sondern die Sehnsucht dahinter sehe, die Not, die hinter dieser Haltung steckt, dann ist eine Verwandlung möglich.

AHMAD MILAD KARIMI

Ich bin ebenfalls dafür, dass wir gegen dieses Narrativ der Utopie arbeiten, weil es auch eine Form versteckter Gewalt ist zu sagen, Frieden sei sowieso nie möglich. Religiös gesehen ist der Urzustand im Paradies kein Zustand des Friedens. Denn bevor Adam und Eva vom Baum der Erkenntnis essen, können sie nicht unterscheiden zwischen verschiedenen Zuständen, erst dann ist von Frieden überhaupt zu reden. Das spiegelt unsere heutige Situation. Wir erkennen Unterschiede. Wir erkennen andere, die nicht so sind wie wir. Erst daraus entsteht der Sinn des Friedens. Jetzt müssen wir schauen, wie wir mit dem anderen, mit uns selbst Frieden schließen können. Ich glaube, das ist das religiöse Moment. Der Urzustand war Stillstand, Unkenntnis, alles war gleich. Aber es ist eben nicht alles gleich, und das gerade ist ein Segen.

Mich hat beeindruckt, dass der Musiker und Sänger Michael Patrick Kelly aus Kriegsschrott Friedensglocken macht. Für ihn ist das sozusagen Programm. Es stellt sie in Kirchen aus und es gibt einige Events zu den Peace Bells. Für mich ist das eine ganz sichtbare Art von Verwandlung. Wir können den Krieg nicht als Einzelne beenden, aber wir können ihn in Frieden umwandeln.

ANSELM GRÜN

Türme sind eigentlich eine islamische Erfindung und kamen erst im hohen Mittelalter nach Europa. Glocken stammen eher aus der östlichen Tradition. Der heilige Franziskus war eine Zeit lang in Ägypten und so beeindruckt von den Türmen und Minaretten, dass er die Idee mit nach Hause brachte. Im Christentum war es nicht üblich, dass man regelmäßig zum Gebet rief. Daher hat man dann zu den Gebetszeiten mit Glocken gerufen. Wenn man das so betrachtet, könnten die Glocken ein wichtiges Symbol für den Frieden sein, weil hier kulturell sozusagen Ost und West zusammenkommen und sich in dieser Hinsicht Islam und Christentum kulturell ergänzt haben.

Auch im Buddhismus gibt es Rituale mit Glocken und Gongs und hier haben die Glocken ebenfalls mit dem Frieden zu tun. Wenn eine Glocke geläutet wird, darf der Klang eine halbe Stunde nachschwingen. Das hat den Hintergrund, dass dadurch die Materie in Frieden kommt, dann die Pflanzen, die Tiere, die Menschen. Die Schwingung soll Frieden in die ganze Welt bringen.

AHMAD MILAD KARIMI

Wenn man in diesem Zusammenhang von Verwandlung spricht, dann ist der Ruf nach Frieden nichts anderes als eine Verwandlung des Rufes nach der Gewalt. Das ist eine der ersten Arbeiten, die uns aufgegeben ist. Wir können nicht diejenigen, die zur Gewalt aufrufen, Hass predigen, Terror gutheißen, einfach ausschließen, sondern unsere Arbeit besteht darin, ihre Seele umzuwandeln. Ich bin der festen Überzeugung, Religionen sind schlechte Kriegstreiber, aber sehr gute Friedensaktivisten, hier liegen ihre Potenziale. Wir haben bessere Argumente für den Frieden als für die Gewalt.

Ich finde es spannend, wie sehr sich Kulturen ergänzen können. Das wäre vielleicht auch eine Aufgabe von Religion in der Gesellschaft: wieder deutlicher zu machen, dass Gegensätze sich ergänzen können oder dass man von Fremden lernen kann, dass Fremdes unser eigenes Leben besser machen kann, es erweitert, und es nicht beschränkt oder einschränkt.

Das Gespräch mit Pater Anselm hat meinen Geschmack für das Christentum verändert. Vorher hatte ich ein ziemlich genaues Bild: Ich wusste, wie das Christentum ist und was ich daran ablehne beziehungsweise gutheiße. Und so dachte ich, ich weiß, worauf dieses Gespräch hinausläuft. Denn ich habe schon mit vielen christlichen Kolleginnen und Kollegen Dialoge geführt. Hier habe ich jedoch etwas anderes erleben dürfen: Die Öffnung für eine Fremdheit, die in dieser Fremdheit auch ihre Schönheit hat. Das Erleben einer lebendigen Kirche, das Hören des Evangeliums. Das Erlebnis, ein Kreuz bei sich zu haben, die Hoffnung, die Menschlichkeit Jesu. Auch die starke Figur der Maria, die ich teilweise aus meiner eigenen Tradition kenne. Doch hier erlebe ich sie in einer ganz anderen, neuen, erfüllenderen, ergänzenderen Form, die mir hilft, ein besserer Muslim zu sein. Insofern ist mein Beitrag zu sagen: Gerade die Begegnung, die Echtheit, die Offenheit, das Zulassen des anderen, das Wahrnehmen des Fremden und das Hören auf das Fremde, sich einander mit Respekt und Staunen zu begegnen wäre der erste Schritt hin zu einem Frieden.

Auch für mich hat der Islam einen neuen Geschmack bekommen. Vor allem der Gedanke der Hingabe, der im Islam sehr stark ist, beeindruckt mich immer wieder. Das spielt zwar auch im Christentum eine Rolle, aber hier sind wir eher gewohnt, alles erst einmal in Frage zu stellen, alles zu hinterfragen. Hingabe bedeutet aber zunächst einmal das Vertrauen, dass Gott gut ist, dass man sich in Gott fallen lassen kann. Insofern können sich die Spiritualität des Islams und des Christentums gegenseitig ergänzen und befruchten. Und das ist, glaube ich, ein wichtiger Beitrag zum Frieden. Es geht also nicht zuerst um Argumente, sondern um einen neuen Geschmack, den ich an der jeweils anderen Kultur und Religion finde. Dann kann man auch weiter voneinander kosten und miteinander ins Gespräch kommen.

Anmerkungen

1   Jung, C. G.: Gesammelte Werke, Band 11. Zürich 1963, S. 367.

2   Vgl. Müller, H.: Begriff, Theorien und Praxis des Friedens, in: Die neuen Internationalen Beziehungen. Forschungsstand und Perspektiven in Deutschland. Hg. v. G. Hellmann, K. D. Wolf u. M. Zürn. Baden-Baden 2003, S. 209–250.

3   Vgl. Czempiel, E.-O.: Der Friedensbegriff der Friedensforschung, in: Die Zukunft des Friedens. Eine Bilanz der Friedens- und Konfliktforschung. Hg. v. A. Sahm, M. Sapper u. V. Weichsel. Wiesbaden 2002, S. 83–93.

4   Vgl. Galtung, J.: Frieden mit friedlichen Mitteln. Friede und Konflikt, Entwicklung und Kultur. Münster 2007, S. 458. Vgl. weiterführend auch Brock, L.: Was ist das »Mehr« in der Rede, Friede sei mehr als die Abwesenheit von Krieg?, in: Die Zukunft des Friedens. Eine Bilanz der Friedens- und Konfliktforschung. Hg. v. A. Sahm, M. Sapper u. V. Weichsel. Wiesbaden 2002, S. 95–114; Daase, C.: Vom Runieren der Begriffe. Zur Kritik der Kritischen Friedensforschung, in: Eine Welt oder Chaos? Hg. v. B. Meyer. Frankfurt a. M. 1996, S. 455–490.

5   Koran 97.

6   Rūmī, Ǧ. M.: Von Allem und vom Einen. Aus dem Persischen u. Arabischen v. A. Schimmel. Kreuzlingen/München 2. Aufl. 2011, S. 122f.

7   Rūmī, Ǧ. M.: Kulliyāt-i Šams-i Tabrīz. Ed. by B. Z. Furūzānfar. Teheran 1987, Ġazal-Nr. 239: vgl. R. Gramlich,

Islamische Mystik. Sufische Texte aus zehn Jahrhunderten. Stuttgart/Berlin/Köln 1992, S. 200.

8 Rūmī, Ğ. M: Das Maṯnavī. Drittes Buch. Aus dem Persischen übertr. v. B. Meyer, K. Azar u. J. D. Azar. Herrliberg 2. Aufl. 2012, Zeile 3212.

9 Rūmī, Ğ. M.: Kulliyāt-i Šams-i Tabrīz. Ed. by B. Z. Furūzānfar. Teheran 1987, Rubāʿīyāt-Nr. 1756.

10 Rumi, D.: Das Mathnawi. Ausgewählte Geschichten. Aus dem Persischen v. A. Schimmel. Mit Illustrationen v. I. Schaar. Basel 1994, S. 159.

11 Rūmī, Ğ. M.: Von Allem und vom Einen. Aus dem Persischen u. Arabischen v. A. Schimmel. Kreuzlingen/München 2. Aufl. 2011, S. 207.

12 Koran 19,33.

13 Vgl. hierzu Koran 49,13.

14 Iqbal, M.: Botschaft des Ostens, in: ders.: Botschaft des Ostens. Ausgewählte Werke. Hg. v. A. Schimmel. Tübingen/Basel 1977, S. 144.

15 Hegel, G. W. F.: Werke. Grundlinien der Philosophie des Rechts. Theorie, Werkausgabe. Bd. 7. Hg. v. E. Moldenhauer u. K. M. Michel. Frankfurt a. M. 1970, S. 360.

16 Koran 5,27–33.

17 Hegel, G. W. F.: Vorlesungen über die Philosophie der Religion. Hg. v. G. Lasson. Hamburg 1974, S. 75.

18 Koran 42,15f.

19 Koran 12,3.

20 Koran 12,92.

21 Vgl. Koran 42,40f.

22 Koran 19,47.

23 Evagrius Ponticus: Über das Gebet – De oratione tractatus (Quellen der Spiritualität, Band 4). Münsterschwarzach 2018, Kap. 21.

24 Evagrius Ponticus: Über das Gebet, Kap. 12.

25 Evagrius Ponticus: Über das Gebet, Kap. 124, 125.

26 Jung, C. G.: Psychologie und Religion. Zürich 1947, S. 142.

27 Vgl. Koran 4,163; 6,84; 21,83f und 38,41–44.

28 Vgl. hierzu Kermani, N.: Der Schrecken Gottes. Attar, Hiob und die metaphysische Revolte. München 2005.

29 Koran 2,286.

30 Vgl. Koran 30,30.

31 Koran 17,70.

32 Vgl. hierzu ausführlich Karimi, A. M.: Zur Frage der Erlösung des Menschen im religiösen Denken des Islam, in: Streitfall Erlösung. Hg. v. K. v. Stosch u. A. Langenfeld. Paderborn 2015, S. 17–38.

33 Koran 2,37–38.

34 Koran 35,15.

35 Vgl. u. a. Koran 39,17.

36 Paulus, 2 Kor 5,16–21.

37 Koran 20,47.

38 Koran 5,54.

39 Zitiert nach: Weisheit des Islam. Ausgewählt, übersetzt u. hg. von A. Schimmel. Stuttgart 2003, S. 280.

40 Vgl. Koran 4,28.

41 Koran 24,35.

42 Koran 33,43.

43 Hafis. Offenbares Geheimnis. Gedichte aus dem Divan. Übertragen und mit einem Nachwort von C. Atabay. Mit Grafiken von J. Reichert. Berlin 2016, S. 93.

44 Koran 60,4.

45 Koran 56, 25f.

46 Vgl. Koran 59,23.

47 Koran 33,44.

48 Zitiert nach: Weisheit des Islam. Ausgewählt, übersetzt u. hg. von A. Schimmel. Stuttgart 2003, S. 277.

49 Koran 13,28f.

50 Hebr 13,14.

51 Vgl. u. a. Koran 5,105.

52 Rūmī, Ğ. M.: Kulliyāt-i Šams-i Tabrīz. Ed. by B. Z. Furūzānfar. Teheran 1987, Ġazal-Nr. 2131, S. 647.

53 Rumi, D.: Aus dem Diwan. Hg. v. A. Schimmel. Stuttgart 1964, S. 45.

54 Vgl. Bīdel, M. A.: Kulliyāt-i Abū l-Maʿānī Mīrzā ʿAbd al-
   Qādir-i Bīdel. Vol. 1/2. Ed. Ḥ. M. Ḥasta & Ḥ. Ḫalīlī. Teheran 2. Aufl. 2016, S. 943, Ġazal-Nr. 2012.

55 Koran 2,30.

56 Es gab und gibt zahlreiche muslimische Denker:innen, wie
   etwa Khan Abdul Ghaffar Khan und v. a., die für einen
   gewaltfreien, gewaltlosen Isalm plädieren. Vgl. u. a. Omar,
   I. A.: Towards an Islamic Theology of Nonviolence: A Cri-
   tical Appraisal of Maulana Wahiduddin Khan's View of
   Jihād (II), in: Vidajyoti Journal of Theological Reflection 72
   (2008), S. 751–758; Abu-Nimer, M.: Framework for Nonvi-
   olence and Peacebuilding in Islam, in: A. A. Said et al. (Ed.):
   Contemporary Islam. Dynamic, not static. Abingdon/New
   York 2006, S. 131–172. Siehe auch Lohlker, R.: Krieg und
   Frieden im Islam, in: Krieg oder Frieden. Interdisziplinäre
   Zugänge. Hg. v. E. Bader. Wien/Berlin 2013, S. 173–190.

57 Koran 2,30.

58 Vgl. hierzu auch Iqbal, M.: Die Wiederbelebung des religiösen Denkens im Islam. Aus dem Englischen v. A. Monte u.
   T. Stemmer. Berlin 2003, S. 183.

59 Gruen, A.: Der Fremde in uns. München 2002, S. 196.

60 Gruen, A.: Der Fremde in uns, S. 198.

61 Gruen, A.: Der Fremde in uns, S. 198.

62 Gruen, A.: Der Fremde in uns, S. 200.

63 Zenger, E.: Als Anfang schuf Gott. Biblische Schöpfungs-
   theologien. Düsseldorf 1997, S. 150.

64 Zenger, E.: Als Anfang schuf Gott, S. 154.

65 Zenger, E.: Als Anfang schuf Gott, S. 159.

66 Zenger, E.: Als Anfang schuf Gott, S. 160.

67 Descartes, R.: Von der Methode (Discours de la méthode). Aus dem Französischen neu übersetzt und mit Anmerkungen und Register hg. v. L. Gäbe. Hamburg 1960, VI, 2.

68 Koran 30,41.

69 Iqbal, M.: Die Wiederbelebung des religiösen Denkens im Islam. Aus dem Englischen v. A. Monte u. T. Stemmer. Berlin 2003, S. 26f.

70 Vgl. hierzu u. a. Koran 11,3 und 14,32.

71 Koran 6,141.

72 Vgl. Koran 41,9–12; 57,4 und 11,7.

73 Koran 41,10.

74 Koran 62,9.

75 Koran 55,7–9.

76 Vgl. Koran 33,72.

77 Koran 57,1.

78 Koran 6,95–99.

79 Zitiert nach: Weisheit des Islam. Ausgewählt, übersetzt u. hg. von A. Schimmel. Stuttgart 2003, S. 269.

80 Muslim: Ṣaḥīḥ. Beirut 1427/2007, Ḥadīṯ-Nr.: 1955.

81 Koran 2,195.

82 Muslim: Ṣaḥīḥ. Beirut 1427/2007, Ḥadīṯ-Nr.: 91. Zur korani-
schen Explikation der Aussage vgl. hierzu: Kermani, N.: Gott
ist schön. Das ästhetische Erleben des Koran. München 2000.

83 Hier zitiert nach A. Schimmel: Muhammad. Kreuzlingen/
München 2002, S. 33. Im Original: al-Buḫārī: Ṣaḥīḥ, Bd. I,
Kitāb al-īmān, Ḥadīṯ-Nr.: 12, Kairo 1428/2008, S. 19.

84 Vgl. Jes 32,17.

85 Koran 49,9f.

86 Vgl. Koran 22,39f.

87 Vgl. Koran 60,8.

88 Vgl. zum Gebot der Verhältnismäßigkeit: Dziri, A.: So stiftet Frieden! (49:9) – Islamisch-theologische Wege zu einem
ursachengerechten Umgang mit religiös motivierter Gewalt,
in: Gewalt und Gewaltfreiheit in Judentum, Christentum
und Islam. Annäherungen an ein ambivalentes Phänomen.
Hg. v. M. Thurau. Göttingen 2019, S. 90–92.

89 Koran 2,190.

90 Koran 29,46.

91 Koran 42,40.

92 Vgl. Bonner, M.: Jihād in Islamic History. Doctrines and
Practice. Princeton 2006, S. 174.

93 Vgl. Lohlker, R.: Krieg und Frieden im Islam, in: Krieg oder
Frieden. Interdisziplinäre Zugänge. Hg. v. E. Bader. Wien/
Berlin 2013, S. 173–190.

94 Vgl. zum Beispiel Koran 25,52.

95 Vgl. Koran 9,5.

96 Vgl. Dtn 20,12.

97 Vgl. u. a. van Ess, J.: Der Fehltritt des Gelehrten. Die »Pest von Emmaus« und ihre theologischen Nachspiele. Heidelberg 2001, S. 163ff.

98 Exemplarisch zeigt R. Lohlker, dass »aus islamischen Quellen eine friedliche Grundüberzeugung abzuleiten ist«. Vgl. Lohlker, R.: Friede: Islamische Perspektiven, in: Frieden: Vom Wert der Koexistenz. Hg. v. C. Sedmak. Darmstadt 2016, S. 203–221.

99 Koran 2,256.

100 Koran 5,48.

101 Vgl. Koran 2,115.

102 Vgl. Koran 13,28.

103 Koran 91,9f.

104 So unterscheidet sehr treffend R. Schulze zwischen Kultfrieden (salām) und Sozialfrieden (Ṣulḥ). Vgl. Schulze, R.: Zur Relation von Islam und Frieden, in: M. Delgado; A. Holderegger; G. Vergauwen (Hg.): Friedensfähigkeit und Friedensvisionen in Religionen und Kulturen. Religionsforum: Vol. 9. Stuttgart 2012, S. 137–148.

105 Gregor von Nyssa: Acht Homilien über die acht Seligpreisungen. In: Bibliothek der Kirchenväter. München 1927, S. 225.

106 Gregor von Nyssa: Acht Homilien über die acht Seligpreisungen, S. 227.

107 Gregor von Nyssa: Acht Homilien über die acht Seligpreisungen, S. 231.

108 Gregor von Nyssa: Acht Homilien über die acht Seligpreisungen, S. 231.

109 Lapide, P. E., von Weizsäcker, C. F.: Die Seligpreisungen.
Ein Glaubensgespräch, München 1981.

110 Feldmann, C.: Kämpfer, Träumer, Lebenskünstler. Freiburg
2005, S. 155.

111 King, M. L.: Kraft zum Lieben. Konstanz 1964, S. 62.

112 Die Benediktusregel. Beuron 2006, Prolog 17.

Die Autoren

Pater Anselm Grün, geboren 1945, Dr. theol., ist Benediktiner der Abtei Münsterschwarzach und der bekannteste spirituelle Autor in Deutschland. Seine Bücher berühren ein breites Publikum jenseits aller Konfessionen.

Ahmad Milad Karimi, geboren 1979 in Kabul, Dr. phil., studierte Philosophie und Islamwissenschaft in Darmstadt, Freiburg und Neu Delhi. Seit 2016 ist er Professor für Kalam, islamische Philosophie und Mystik an der Westfälischen Wilhelms-Universität Münster.

Bibliografische Information der Deutschen Nationalbibliothek

Die Deutsche Nationalbibliothek verzeichnet diese Publikation in der Deutschen Nationalbibliografie. Detaillierte bibliografische Daten sind im Internet über http://dnb.d-nb.de abrufbar.

1. Auflage 2023
© Vier-Türme GmbH, Verlag, Münsterschwarzach 2023
Alle Rechte vorbehalten

Lektorat: Marlene Fritsch
Gestaltung: Matthias E. Gahr
Umschlagfoto: Julia Martin / Abtei Münsterschwarzach
Druck und Bindung: Pustet, Regensburg
ISBN 978-3-7365-0491-2

www.vier-tuerme-verlag.de